Landküche

DIE BESTEN REZEPTE
MIT TRADITION

Brigitte
KOCHBUCH-EDITION

Landküche

DIE BESTEN REZEPTE
MIT TRADITION

EDEL

Inhaltsverzeichnis

Landküche –
Natur auf dem Teller

Endlose Sommertage in der Kindheit. Ein Waldspaziergang an einem Sonntag im Herbst. Das Picknick im Park. Schneeflocken. Die ersten Sonnenstrahlen im Frühling auf der Haut. Der Duft von Wiesen am frühen Morgen … Viele unserer schönsten Erinnerungen und kleinen Glücksmomente haben mit der Natur zu tun, mit wachen Sinnen und dem wohligen Gefühl, draußen zu sein. Wir tragen die Lust auf Natur in uns, die Sehnsucht nach dem natürlichen Leben. Wenn die Welt um uns immer lauter und unüberschaubarer wird, verspricht das naturnahe Leben Freude und Entschleunigung.

Nun kann und will nicht jeder aufs Land ziehen – doch wir können die Natur zu uns holen, in unsere Küchen, auf unsere Teller: Einfache gute Speisen aus der Landküche bedeuten in unserer hektischen Zeit das gelebte Kontrastprogramm. Bewusst beste Produkte einkaufen, achtsam das Essen zubereiten, mit Freunden und Familie am Tisch zusammenkommen und gemeinsam eine köstliche Mahlzeit genießen – das ist echte Lebensqualität.

Wir haben in diesem Kochbuch Rezepte für Sie zusammengestellt, die sich mit besten Zutaten einfach zubereiten lassen, und orientieren uns dabei an den Jahreszeiten, denn gute Naturprodukte haben ihre Zeit. Wie schön ist es, nach Monaten des Wartens im Frühjahr den ersten Spargel zu schälen oder mit frischen Erdbeeren ein Dessert zuzubereiten. Wie gut tut an einem kalten Winterabend eine wärmende Kartoffelsuppe oder ein deftiges Szegediner Gulasch. Wir zeigen Ihnen gesunde Köstlichkeiten mit Tradition – für die Alltagsküche wie für besondere Anlässe.

Frühling

Nichts ersehnen wir so sehr wie die ersten wärmenden Sonnenstrahlen. Krokusse strecken ihre Köpfe heraus, auf den Weiden springen die Lämmer, überall blüht und wächst es: Frühlingsidylle pur. Dass die Natur wieder auflebt, spüren wir mit Leib und Seele – und finden unsere liebsten Frühjahrsboten jetzt auf den Märkten: heimischer weißer Spargel, zarte neue Kartoffeln, bald auch die ersten so süßen Erdbeeren und endlich wieder Rhabarber. Die Saison mag nur kurz sein, deshalb genießen wir diese Zeit umso mehr

Spargeleintopf

Endlich! Spargel und neue Kartoffeln, in einer samtigen Wein-Mandelcreme
und mit Kalbsschnitzelchen serviert – willkommen, Frühling!

ZUTATEN

4 Portionen

500 g kleine runde neue Kartoffeln
500 g weißer Spargel
500 g grüner Spargel
2 EL Butter
800 ml Kalbsfond (Glas)
100 ml weißer Portwein oder
Noilly Prat (trockener Wermut)
1 kleiner Zweig Thymian
150 g Schlagsahne
2 EL weißes Mandelmus (Reformhaus oder grüner Laden)
3 dünne Kalbsschnitzel à 150 g
(am besten Bio)
Meersalz
1 EL Butterschmalz
Lavendelblüten
1 TL flüssiger Lavendelhonig

Fertig in 1 Stunde

Pro Portion
ca. 625 kcal, E 44 g,
F 34 g, KH 30 g

→ Die Kartoffeln schälen, abspülen und mit Wasser bedeckt beiseitestellen.

→ Den weißen Spargel von oben (Kopf) nach unten am besten mit einem Sparschäler schälen, die holzigen Enden knapp abschneiden. Den grünen Spargel abspülen, nur das untere Drittel schälen und die Enden abschneiden. Weißen und grünen Spargel in gleich lange Stücke (2–3 cm) schneiden. Spargelköpfe beiseitelegen.

→ Die Butter in einem großen Topf erhitzen und die Kartoffeln darin leicht anbraten. Den Kalbsfond dazugießen und die Kartoffeln etwa 10 Minuten im geschlossenen Topf kochen lassen.

→ Spargelstücke (nicht die Köpfe), Portwein und Thymian zufügen und weitere 10 Minuten kochen. Spargelköpfe zufügen und auf der ausgeschalteten Herdplatte im Eintopf ziehen lassen.

→ Sahne halb steif schlagen und das Mandelmus unterrühren. Die Mandelsahne beiseitestellen.

→ Kalbsschnitzel trocken tupfen, in je 4 Stücke schneiden und mit etwas Meersalz würzen. Das Butterschmalz in einer Pfanne erhitzen und die Schnitzelchen von jeder Seite 1 Minute darin braten. Vom Herd nehmen, aber noch in der Pfanne lassen. Mit einigen Lavendelblüten bestreuen und mit einem Hauch Lavendelhonig (wirklich wenig!) fein beträufeln.

→ Den Bratsud von den Schnitzeln aus der Pfanne noch mit in die Suppe geben.

→ Die Spargelsuppe mit Meersalz abschmecken und die Mandelsahne unterheben. Die kleinen Kalbsschnitzelchen dazu servieren.

Tipp

Wer mag, kann die Kartoffeln auch nur gründlich abbürsten und mit Schale kochen.

Erdbeersalat

MIT LINDENBLÜTEN

Herbe Rauke, Feta und Lindenblüten locken die Süße der Erdbeeren hervor,
ein Balsamico-Honig-Dressing hält alles zusammen

ZUTATEN

4 Portionen, vegetarisch

DRESSING

1 Schalotte
2 TL Lindenblütenhonig
3 EL weißer Balsamessig
6 EL Öl
Salz
frisch gemahlener weißer Pfeffer

SALAT

500 g Erdbeeren
200 g Rauke
1–2 Hände voll frische Lindenblüten
200 g Feta-Käse

FÜR DAS DRESSING

— Die Schalotte abziehen, halbieren und fein würfeln. Schalottenwürfel, Honig und Essig verrühren. Das Öl in feinem Strahl
dazugießen und mit einer Gabel unterschlagen. 50 ml Wasser
unterrühren und das Dressing mit Salz und Pfeffer abschmecken.

FÜR DEN SALAT

— Erdbeeren abspülen, abtropfen lassen, Stiel und Blütenansatz
abschneiden. Je nach Größe halbieren oder vierteln.

— Rauke und Lindenblüten abspülen, trocken schütteln und
auf Küchenkrepp gut abtropfen lassen. Den Käse grob zerbrö-
ckeln.

— Alle Salatzutaten mischen, anrichten und mit dem Linden-
honig-Dressing servieren.

 Fertig in 20 Minuten

 Pro Portion
ca. 360 kcal, E 10 g,
F 30 g, KH 11 g

Tipp

Zur Erdbeerzeit blühen auch die Linden. Wenn Sie die Blüten pflücken, darauf achten, dass diese schon aufgeblüht sind – und die Bäume nicht an stark befahrenen Straßen stehen.

Lila Spargel

MIT HEIDELBEER-VINAIGRETTE

Farbenlehre auf dem Teller: Die Spargelspitzen hat die Frühlingssonne violett gefärbt, dazu leuchten lila Vinaigrette und Kartoffeln

ZUTATEN

2 Portionen

VINAIGRETTE

100 g Heidelbeeren
1 TL mittelscharfer Senf
1 EL Weißweinessig
Salz
frisch gemahlener Pfeffer
3 EL Öl
evtl. ½ Bund Majoran

SPARGEL

750 g lila Spargel
1 TL Zucker
20 g Butter

FÜR DIE VINAIGRETTE

← Heidelbeeren abspülen und gut abtropfen lassen. Zusammen mit dem Senf mit einer Gabel zerdrücken. Essig, Salz und Pfeffer unterrühren. Das Öl in feinem Strahl dazugießen und mit einer Gabel unterschlagen.

FÜR DEN SPARGEL

← Den Spargel abspülen, schälen und die holzigen Enden knapp abschneiden. Etwa 500 ml Wasser mit Zucker, Salz und Butter aufkochen. Spargel darin 10–12 Minuten nicht zu weich kochen.

← Spargelstangen am besten mit einer Schaumkelle herausnehmen, kurz abtropfen lassen und auf einer vorgewärmten Platte anrichten.

← Vom Spargelwasser 125 ml abmessen, unter die Vinaigrette rühren und nochmals mit Salz und Pfeffer abschmecken. Den Spargel sofort mit der Vinaigrette beträufeln und eventuell mit Majoranblättchen bestreut servieren.

Fertig in 30 Minuten

Pro Portion
ca. 230 kcal, E 5 g,
F 19 g, KH 9 g

Dazu lila Kartoffeln,
Butter mit Fleur de Sel
und Heidekatenschinken
(am besten Bio)

Tipp

Vegetarier können den Schinken durch
ein pochiertes Ei oder einen kleinen
Büffelmozzarella, in Scheiben geschnitten,
ersetzen.

Béchamelkartoffeln

Besser und einfacher geht's nicht: Mehr als eine richtig gute Sauce braucht
eine Kartoffel nicht zum Glücklichsein

ZUTATEN

4 Portionen, vegetarisch

1 kg vorwiegend festkochende
Kartoffeln
Salz
1 Zwiebel
40 g Butter
40 g Mehl
½ l Gemüsebrühe
¼ l Milch
frisch gemahlener Pfeffer
etwas Zitronensaft
1 Bund glatte oder krause
Petersilie

— Die Kartoffeln gründlich abspülen und mit Schale in Salzwasser 20 Minuten kochen. Abgießen, kurz abdampfen lassen,
die Schale abziehen und die Kartoffeln warm halten.

— Inzwischen für die Mehlschwitze die Zwiebel abziehen und
fein würfeln. Die Butter in einem großen Topf erhitzen und
die Zwiebelwürfel darin glasig dünsten. Das Mehl dazugeben
und unter ständigem Rühren andünsten.

— Den Topf vom Herd nehmen und Brühe und Milch unter
ständigem Rühren mit dem Schneebesen nach und nach dazugießen. Topf wieder auf den Herd stellen und die Sauce bei
kleiner Hitze mindestens 10 Minuten kochen lassen. Gelegentlich umrühren, damit sie nicht anbrennt.

— Die Béchamel-Sauce mit Salz, Pfeffer und Zitronensaft abschmecken.

— Die Kartoffeln in die Sauce geben und darin erwärmen,
aber nicht mehr kochen lassen.

— Petersilie abspülen, trocken schütteln und die Blätter fein
hacken. Petersilie über die Kartoffeln streuen und servieren.

 Fertig in 40 Minuten

 Pro Portion
ca. 300 kcal, E 8 g,
F 11 g, KH 41 g

 Dazu roher oder gekoch-
ter Schinken, Frikadellen
oder gekochte und hal-
bierte Eier

Kartoffeleintopf
MIT RINDERBRUST

Mairübchen, neue Kartoffeln und gepökeltes Rind in der ausgekochten Brühe – das ist eine ganz klare Sache

ZUTATEN

6 Portionen

EINTOPF

1,2 kg gepökelte Rinderbrust
(beim Fleischer vorbestellen,
die Knochen extra mitgeben
lassen; am besten Bio)
1 Zwiebel
2 Nelken
1 Lorbeerblatt
600 g kleine neue Kartoffeln
250 g kleine Mairübchen
150 g Zuckerschoten

SAHNEMEERRETTICH

150 g Schlagsahne
2–3 TL Meerrettich aus dem Glas

FÜR DEN EINTOPF

— Das Fleisch, die Knochen und etwa 1,5 l Wasser in einen großen Topf geben (das Fleisch sollte mit Wasser bedeckt sein). Die Zwiebel schälen, mit den Nelken spicken und zusammen mit dem Lorbeerblatt zum Fleisch geben. Alles ganz langsam zum Kochen bringen und bei mittlerer Hitze 2 Stunden 30 Minuten gerade eben kochen lassen.

— Das Fleisch aus der Brühe nehmen und in mundgerechte Stücke schneiden. Mit etwas Brühe bedeckt warm halten. Die restliche Brühe durch ein feines Sieb gießen und wieder aufkochen lassen.

— Die Kartoffeln unter fließendem kaltem Wasser gründlich abbürsten und in der Brühe 18–20 Minuten kochen.

— Die Rübchen schälen, abspülen und achteln. Zuckerschoten putzen und abspülen. Rübchen nach 10 Minuten zu den Kartoffeln in die Brühe geben, Zuckerschoten nach etwa 12 Minuten dazugeben und zu Ende garen.

— Fleisch, Gemüse und die Brühe zusammen in Tellern oder einer Terrine anrichten.

FÜR DEN SAHNEMEERRETTICH

— Die Sahne steif schlagen und den Meerrettich mit einem Schneebesen unterrühren. Die Meerrettichsahne zum Eintopf reichen.

Fertig in
3 Stunden 15 Minuten

Pro Portion
ca. 605 kcal, E 33 g,
F 42 g, KH 23 g

Tipp

Den Eintopf eventuell mit Salz
abschmecken. Aber Vorsicht, durch das
gepökelte Fleisch ist meist genug Salz
in der Brühe. Wer mag, gibt noch
ein paar Chiliflocken in die Brühe –
die sorgen für eine feine Schärfe.

Gratinierter Spargel

Der grüne Spargel präsentiert sich extrawürzig dank kräftigem Speck,
Croûtons, Anchovis und Kapern

ZUTATEN

2 Portionen

2 Eier
2–3 eingelegte Anchovis
1 Schalotte
75 g Ciabatta-Brot (am besten
vom Vortag)
1–2 EL Olivenöl
50 g abgetropfte Kapern
frisch gemahlener Pfeffer
750 g grüner Spargel
Salz
25 g Butter
5 EL Verjus (siehe Tipp)
100 g Bacon (Frühstücksspeck in
dünnen Scheiben; am besten Bio)
je 1 Bund glatte Petersilie und
Schnittlauch

— Eier in kochendem Wasser etwa 10 Minuten hart kochen. Eier kalt abspülen, pellen und in grobe Stücke schneiden.

— Anchovis kurz abspülen, trocken tupfen und fein hacken. Schalotte abziehen und fein würfeln. Brot in kleine Würfel schneiden. Das Öl in einer Pfanne erhitzen und die Schalotten- und Brotwürfel darin anbraten. Kapern und Anchovis unterrühren und kurz mitbraten. Mit Pfeffer würzen.

— Den Backofen auf 200 Grad, Umluft 180 Grad, Gas Stufe 4 vorheizen.

— Spargel abspülen, das untere Drittel der Stangen schälen und die Enden abschneiden. Spargelstangen in eine ofenfeste Form legen und mit etwas Salz würzen. Butterflöckchen darauf verteilen, den Verjus dazugießen.

— Im Ofen etwa 15 Minuten backen, dann herausnehmen und den Grill anschalten.

— Die Speckstreifen auf den Spargel legen und unter dem Grill etwa 2–3 Minuten grillen.

— Petersilie und Schnittlauch abspülen und gut trocken schütteln. Schnittlauch in Röllchen schneiden, Petersilie fein hacken.

— Den Spargel mit den gewürzten Brotwürfeln, Ei und Kräutern bestreuen. Eventuell mit etwas Pfeffer nachwürzen.

 Fertig in 45 Minuten

 Pro Portion
ca. 640 kcal, E 26 g,
F 47 g, KH 26 g

 Dazu Kartoffelpüree
oder Risotto

Roastbeef
MIT ERDBEER-SALSA

Das passiert dem Roastbeef auch nicht alle Tage, dass es mit Erdbeeren auf den Teller kommt. Dabei können die so gut miteinander …

ZUTATEN

6 Portionen

ROASTBEEF

2–3 EL bunte Pfeffermischung
1,2 kg Roastbeef (am besten Bio)
Salz
1 EL Butterschmalz

ERDBEER-SALSA

500 g Erdbeeren
2 rote Zwiebeln
1 rote Chilischote
1 EL Öl
1 EL brauner Rohrzucker
2 EL Balsamessig

— Den Backofen auf 200 Grad, Umluft 180 Grad, Gas Stufe 4 vorheizen.

FÜR DAS ROASTBEEF

— Die bunten Pfefferkörner in einem Mörser grob zerdrücken. Das Fleisch trocken tupfen und mit Salz einreiben. Butterschmalz in einer großen Pfanne sehr stark erhitzen und Roastbeef darin rundherum anbraten. Herausnehmen und im Pfefferschrot wenden.

— Das Fleisch in eine ofenfeste Form legen. Die Pfeffermischung eventuell mit den Händen noch einmal gut auf dem Fleisch verteilen und andrücken. Roastbeef mit Backpapier abdecken und auf der unteren Einschubleiste im Ofen etwa 35 Minuten braten.

FÜR DIE SALSA

— Die Erdbeeren abspülen, putzen und klein würfeln. Zwiebeln abziehen und fein würfeln. Chilischote längs halbieren, entkernen, abspülen und fein würfeln.

— Öl in einem Topf erhitzen, Zwiebel-, Chiliwürfel und Zucker darin andünsten. Den Essig unterrühren und noch etwa 5 Minuten köcheln lassen. Die Mischung abkühlen lassen und die Erdbeeren unterrühren. Die Salsa mit Salz abschmecken.

— Das Roastbeef aus dem Ofen nehmen und in Alufolie gewickelt etwa 10 Minuten ruhen lassen, damit das Fleisch saftiger bleibt. Roastbeef in Scheiben schneiden und zusammen mit der Erdbeer-Salsa servieren.

Ohne Wartezeit fertig in 50 Minuten

Pro Portion
ca. 345 kcal, E 42 g,
F 15 g, KH 9 g

Dazu grüner Salat und Pommes frites

Tipp

Ein tolles Gästeessen – auch für
viele Leute.

Kalbsschnitzel

MIT RHABARBER UND SALBEI

Zarte Kalbsschnitzel vertragen sich erstaunlich gut mit herbem Rhabarber.
Salbei-Polenta schmiegt sich sanft dazu

ZUTATEN
4 Portionen

POLENTA

375 ml Milch
400 ml kräftige Bouillon
3 Stängel Salbei
125 g Polenta (Maisgrieß)
Salz

KALBSSCHNITZEL

4 Kalbsschnitzel à 100 g
400 g Rhabarber
2 Stängel Salbei
1–2 EL Butterschmalz
frisch gemahlener Pfeffer
2 EL trockener Sherry
2–3 EL Ahornsirup
1 EL Orangenkonfitüre

FÜR DIE POLENTA

— Milch und Bouillon aufkochen lassen. Salbei abspülen, fein hacken und in die Milchmischung geben. Polenta in die kochende Flüssigkeit rühren und auf der ausgeschalteten Herdplatte etwa 3–5 Minuten quellen lassen. Mit Salz abschmecken und warm halten.

FÜR DIE KALBSSCHNITZEL

— Das Fleisch mit Küchenkrepp trocken tupfen, mit einem großen Messer etwas auseinanderstreichen und eventuell die Scheiben halbieren. Rhabarberstangen putzen, abspülen und in dünne Scheiben schneiden. Salbeiblätter abspülen und trocken schütteln.

— Butterschmalz in einer großen Pfanne erhitzen, Schnitzel salzen und darin von jeder Seite kurz anbraten. Mit Pfeffer würzen, herausnehmen und warm halten. Rhabarber und Salbei in die Pfanne geben und kurz anbraten. Sherry, Sirup und Orangenmarmelade dazugeben. Rhabarber mit Salz und Pfeffer würzen, das Fleisch wieder dazugeben.

— Schnitzel, Rhabarber und Polenta zusammen servieren.

 Fertig in 40 Minuten

 Pro Portion
ca. 365 kcal, E 28 g,
F 10 g, KH 36 g

Rinderfilet

MIT SPARGEL

Das edelste Stück vom Rind erhält hier ein nussiges Kleid und einen klassischen Begleiter an seiner Seite

ZUTATEN

8 Portionen

2 kg weißer Spargel
1,2 kg Rinderfilet
Meersalz
frisch gemahlener Pfeffer
2 EL Butterschmalz
500 ml Rinderfond
etwa 35 g Zucker
100 g Walnusskerne
1 Zweig Rosmarin
45 g Butter
1 Schalotte
2 EL Mehl
150 g Schlagsahne
1–2 TL Zitronensaft

Fertig in
1 Stunde 50 Minuten

Pro Stück
ca. 325 kcal, E 5 g,
F 14 g, KH 45 g

Dazu Schlagsahne

— Spargel abspülen, schälen und die holzigen Enden abschneiden. Spargelstangen in die Fettpfanne des Backofens legen. Die Schalen aufheben. Den Backofen auf 160 Grad, Umluft 140 Grad, Gas Stufe 2 vorheizen.

— Rinderfilet abspülen, mit Küchenkrepp trocken tupfen und rundherum mit Salz und Pfeffer einreiben. In einer Pfanne mit heißem Butterschmalz rundherum anbraten. Filet auf den Spargel in die Fettpfanne legen und den Rinderfond dazugießen. Die Fettpfanne rundherum luftdicht mit Alufolie verschließen und im Ofen etwa 1 Stunde 15 Minuten braten.

— Inzwischen die Spargelschalen, 1 l Wasser, Salz und ½ TL Zucker aufkochen. Ohne Deckel etwa 20 Minuten bei kleiner Hitze ziehen lassen. Durch ein Sieb gießen und beiseitestellen.

— Walnüsse sehr fein hacken oder mahlen. Den Rosmarin abspülen, die Nadeln abzupfen und grob hacken. 30 g Butter, 1–2 EL Wasser und den restlichen Zucker unter Rühren in einer Pfanne karamellisieren. Vom Herd nehmen, Walnüsse und Rosmarin unterrühren. Aus der Pfanne nehmen und abkühlen lassen.

— Nach 1 Stunde Bratzeit Walnussmischung auf dem Filet verteilen und ohne Folie fertig braten. Filet und Spargel auf einer Platte anrichten und im ausgeschalteten Ofen etwa 20 Minuten ruhen lassen. Bratfond aufheben.

— Schalotte abziehen und fein hacken. Restliche Butter in einer Pfanne erhitzen und die Schalotte darin andünsten. Mit Mehl bestäuben und unter Rühren andünsten. Bratfond, 250 ml Spargelwasser und Sahne langsam unter Rühren dazugießen und aufkochen lassen. Bei mittlerer Hitze etwa 10 Minuten kochen lassen. Mit Salz, Pfeffer, 1 Prise Zucker und Zitronensaft abschmecken.

— Rinderfilet mit dem Spargel servieren.

Schollenfilets

MIT RHABARBER-SELLERIE-GEMÜSE

So ein Fisch kann's gut haben, auf orientalisch gewürztem Jasmin-Reis und mit buntem Paprika-Sellerie-Rhabarber-Gemüse. Was für eine Kombination!

ZUTATEN
4 Portionen

RHABARBER-SELLERIE-GEMÜSE
250 g Rhabarber
250 g Staudensellerie
250 g gelbe Paprikaschoten
1–2 EL Butter
1 EL brauner Zucker
Salz
frisch gemahlener Pfeffer

WÜRZREIS
2 Schalotten
1 EL Butterschmalz
1–2 TL Ras el Hanout
275 g Jasmin-Reis
1 TL Korianderkörner
½ Sternanis in Stückchen

600 g Schollenfilets (aus nachhaltigem Fischfang; z. B. mit MSC-Siegel)
2–3 EL Zitronensaft
2–3 EL Mehl
Butterschmalz zum Braten
evtl. etwas rote Daikon-Kresse zum Bestreuen

 Fertig in 50 Minuten

 Pro Portion
ca. 535 kcal, E 34 g,
F 15 g, KH 64 g

FÜR DAS RHABARBER-SELLERIE-GEMÜSE
— Den Rhabarber putzen und abspülen. Selleriestangen putzen und dabei eventuell die Fäden mit abziehen. Sellerie abspülen. Paprika vierteln, entkernen und abspülen. Rhabarber, Sellerie und Paprika in kleine, gleich große Würfel schneiden.

FÜR DEN WÜRZREIS
— Schalotten schälen und fein würfeln. Butterschmalz in einem Topf erhitzen und die Schalottenwürfel zusammen mit Ras el Hanout andünsten. Den Reis dazugeben, kurz andünsten und 500 ml warmes Wasser, ½ TL Salz, Koriander und Sternanis dazugeben. Den Reis aufkochen und bei kleiner Hitze 5 Minuten kochen lassen. Den Herd ausschalten, Reis noch 10 Minuten im geschlossenen Topf auf der Herdplatte quellen lassen.

— Die Butter in einem Topf erhitzen. Zunächst den Sellerie zusammen mit dem Zucker darin 2–3 Minuten andünsten und karamellisieren lassen. Paprika zufügen und weitere 2 Minuten dünsten. Zuletzt den Rhabarber dazugeben, mit Salz, Pfeffer und Zucker würzen und zugedeckt 2–3 Minuten bei kleiner Hitze knapp gar dünsten lassen.

— Inzwischen die Schollenfilets abspülen, trocken tupfen und mit etwas Zitronensaft beträufeln. Filets in Mehl wenden. Butterschmalz in einer großen beschichteten Pfanne erhitzen und die Schollenfilets darin von jeder Seite 3 Minuten goldbraun braten und salzen.

— Würzreis, Gemüse und Schollenfilets anrichten und mit Pfeffer und eventuell roter Kresse bestreuen.

Tipp

Frische Schollenfilets eventuell beim Fischhändler vorbestellen oder TK-Schollen verwenden. Der Fisch ist sehr zart, deswegen braten Sie ihn am besten in einer beschichteten Pfanne. Und vorsichtig wenden, damit er nicht zerfällt!

Pfannkuchen

MIT RHABARBERKOMPOTT

Süß, fruchtig, fein und herb: Hier vereint sich alles, was man sich
in einer Nachspeise nur wünschen kann

ZUTATEN
4–6 Portionen

PFANNKUCHENTEIG
125 g Mehl
2 Eier
250 ml Milch
Salz
4–6 TL Zucker zum Bestreuen
Butter zum Backen

RHABARBERKOMPOTT
500 g Rhabarber
75 ml Orangensaft
1 Vanilleschote
etwa 50 g brauner Zucker
Puderzucker zum Bestäuben

Ohne Wartezeit fertig in
30 Minuten

Pro Portion
ca. 365 kcal, E 10 g,
F 14 g, KH 48 g

FÜR DEN PFANNKUCHENTEIG

— Das Mehl in eine Schüssel geben. Die Eier trennen, Eigelbe und Milch verquirlen. Mehl und Eigelbmilch zu einem glatten Pfannkuchenteig verrühren und etwa 30 Minuten stehen lassen.

FÜR DAS RHABARBERKOMPOTT

— Den Rhabarber putzen und die Stiele eventuell abziehen. Rhabarber abspülen und in etwa 1–2 cm dicke Stücke schneiden. Den Orangensaft aufkochen. Die Vanilleschote längs aufschneiden und das Vanillemark mit einem spitzen Messer herauskratzen. Vanillemark und -schote zum Orangensaft in den Topf geben.

— Die Rhabarberstücke ebenfalls in den kochenden Orangensaft geben und bei kleiner Hitze mit Deckel etwa 4 Minuten darin dünsten lassen. Dabei möglichst nicht rühren, damit die Rhabarberstücke nicht zerfallen. Den Rhabarber mit braunem Zucker abschmecken. Den Topf beiseitestellen.

— Eiweiß und eine Prise Salz zu steifem Schnee schlagen und unter den Pfannkuchenteig heben.

— Etwas Butter in einer kleinen beschichteten Pfanne erhitzen und etwas Pfannkuchenteig hineingießen. Den Teig gleichmäßig in der Pfanne verstreichen und bei mittlerer Hitze backen, bis er goldgelb und gestockt ist. Etwas Zucker auf den Pfannkuchen streuen, den Pfannkuchen wenden und von der zweiten Seite ebenfalls goldgelb backen. Warm stellen.

— Den restlichen Teig wie beschrieben zu insgesamt etwa 4–6 Pfannkuchen backen.

— Pfannkuchen mit etwas lauwarmem Rhabarberkompott gefüllt anrichten und mit etwas Puderzucker bestreut servieren.

Tipp

Die Pfannkuchen mit dem Kompott
schmecken auch als süßes Hauptgericht,
dann etwa die doppelte Menge
einplanen.

Erdbeer-Pannacotta

Mit Erdbeeren wird alles gut, manchmal sogar besser.
Das gilt selbst für ein Traumdessert wie Pannacotta

ZUTATEN

8 Portionen

1 Vanilleschote
500 g Schlagsahne
500 g Erdbeeren
3 EL Limettensaft
85 g Puderzucker
6 Blatt weiße Gelatine

— Die Vanilleschote längs aufschneiden und das Mark mit einem spitzen Messer herauskratzen. Vanillemark, die Schote und die Sahne in einem Topf aufkochen und bei kleiner Hitze etwa 10 Minuten ziehen lassen. Die Sahne lauwarm abkühlen lassen und die Vanilleschote herausnehmen.

— Erdbeeren abspülen, putzen und in kleine Stücke schneiden. In einen hohen Mixbecher geben, den Limettensaft und Puderzucker dazugeben und alles mit dem Stabmixer fein pürieren. Püree durch ein feines Sieb streichen.

— Die Gelatine etwa 10 Minuten in kaltem Wasser einweichen. Dann gut ausdrücken und unter Rühren in der lauwarmen Vanillesahne auflösen.

— Etwa zwei Drittel vom Erdbeerpüree unter die Vanillesahne rühren. Vanille-Sahne-Mischung in kleine Gläser füllen und für mindestens 4 Stunden, besser über Nacht, kalt stellen.

— Restliches Erdbeerpüree abgedeckt kalt stellen.

— Vor dem Servieren das Erdbeerpüree auf der fertigen Pannacotta verteilen.

Ohne Wartezeit fertig in
30 Minuten

Pro Portion
ca. 260 kcal, E 6 g,
F 19 g, KH 17 g

Sommer

Endlich raus! Im Sommer findet das Leben draußen statt, nie sind wir der Natur näher als in der warmen Jahreszeit. Barfuß in die Sonne blinzelnd lässt sich einfach alles entspannt genießen – vor allem das Essen. Die langen hellen Sommerabende laden uns ein zum Feiern, überall duftet es verführerisch nach Gegrilltem. Also 'ran an die Kohlen! Mit Schweinebauch, Forelle und Lammspießen vom Rost. Oder Pfirsichen! Und wenn doch mal ein lauer Sommerregen fällt: mit einem Palatschinken daheim macht das gar nichts. Und schon ist die Sonne wieder da!

Schichtsalat

Mit Melone und knallreifen Flaschentomaten legt sich Schicht für Schicht
der Sommer ins Glas

ZUTATEN

4 Portionen, vegetarisch

SALAT

1 Galia-Melone (etwa 1 kg)
1 Salatgurke
400 g Flaschentomaten
2 gelbe Paprikaschoten
1 rote Zwiebel
1 Bund Schnittlauch
1 Bund glatte Petersilie
1 Beet Kresse
1 Bund Dill

SAUCE

200 g Crème fraîche
400 g Magerjoghurt
2–3 EL milder Essig
(z. B. Himbeeressig)
2–3 TL körniger Senf
1–2 TL mittelscharfer Senf
Salz
frisch gemahlener Pfeffer
flüssiger Honig (z. B. Akazie)

FÜR DEN SALAT

— Die Melone vierteln und die Kerne mit einem Löffel herauskratzen. Das Fruchtfleisch schälen und in Scheiben schneiden.
Die Gurke abspülen oder eventuell schälen und in dünne Scheiben schneiden.

— Tomaten abspülen, halbieren und den grünen Stielansatz
herausschneiden. Tomaten in Scheiben schneiden. Paprika vierteln, Kerne und Trennwände entfernen und die Paprika abspülen. Paprika in dünne Streifen schneiden. Zwiebel schälen,
halbieren und ebenfalls in dünne Streifen schneiden.

— Kräuter abspülen, trocken schütteln und grob schneiden.
Kräuter mischen.

FÜR DIE SAUCE

— Crème fraîche, Joghurt, Essig und beide Senfsorten verrühren und mit Salz, Pfeffer, Essig und Honig würzig abschmecken.

— Salatzutaten nach Sorten getrennt, Kräuter und zwischendurch ein paar Löffel Sauce in eine hochwandige Schüssel oder
ein großes Einmachglas schichten. Mit einer Lage Sauce oben
abschließen. Kräuter darüberstreuen. Für mindestens 30 Minuten kalt stellen.

 Fertig in 40 Minuten

 Pro Portion
ca. 350 kcal, E 11 g,
F 17 g, KH 37 g

Schwäbischer Kartoffelsalat

Kein Grill-Menü ohne Kartoffelsalat, hier mal auf schwäbisch inspirierte Art
mit Essig – lauwarm serviert besonders lecker

ZUTATEN

4 Portionen, vegetarisch

1,2 kg kleine festkochende
Kartoffeln
Salz
1 Zwiebel
200 ml Gemüsebrühe
5 EL Weißweinessig
1–2 TL Senf
frisch gemahlener Pfeffer
1 TL Zucker
6 EL Öl
½ Bund Schnittlauch

— Die Kartoffeln gründlich abbürsten und etwa 20 Minuten in Salzwasser kochen. Kartoffeln abgießen, kurz abdampfen lassen und von den noch heißen Kartoffeln die Schale abziehen. Kartoffeln vollständig abkühlen lassen. Dann in etwa 4–5 mm dicke Scheiben schneiden.

— Die Zwiebel abziehen und fein würfeln. Zwiebelwürfel in die kochende Brühe geben, einmal aufkochen lassen und vom Herd nehmen.

— Essig, Senf, Salz, Pfeffer, Zucker unterrühren, die heiße Brühe über die Kartoffelscheiben gießen. Vorsichtig mischen, damit die Scheiben nicht zerbrechen, und etwa 1 Stunde durchziehen lassen.

— Das Öl unterrühren und den Salat nochmals mit Salz und Pfeffer abschmecken.

— Den Schnittlauch abspülen, trocken schütteln und in kleine Röllchen schneiden. Kurz vor dem Servieren über den Salat streuen.

Fertig in
1 Stunde 15 Minuten

Pro Portion
ca. 355 kcal, E 6 g,
F 19 g, KH 38 g

Tipps

Kartoffeln immer vollständig abkühlen lassen und erst dann in Scheiben schneiden, dann zerbrechen die Scheiben nicht so schnell.

Wichtig für diesen Salat: eine gute kräftige Brühe verwenden. Es darf auch gern eine Fleischbrühe sein, wenn der Salat nicht unbedingt vegetarisch sein muss.

Zwar nicht mehr schwäbisch, aber auch gut: Gurken, Radieschen, Tomaten (frisch oder getrocknet) oder Kapern untermischen. Auch weitere Kräuter, zum Beispiel Basilikum, machen den Salat köstlich.

Pilz-Päckchen

MIT GUACAMOLE

Auch Veggies lieben eine gute Grillparty. Wer einmal diese Aroma-Explosion
aus dem Papier gekostet hat, weiß auch warum

ZUTATEN

8 Päckchen, vegetarisch

PILZ-PÄCKCHEN

200 g rosa Champignons
200 g Kräuterseitlinge
200 g Austernpilze
30 g getrocknete Soft-Tomaten
100 g kleine grüne Pimentos
4–6 EL gutes Olivenöl
Salz
frisch gemahlener Pfeffer
8 kleine Stängel Thymian
1 kleiner Zweig Rosmarin

GUACAMOLE

600 g reife Avocados
2–3 EL Zitronensaft

FÜR DIE PILZ-PÄCKCHEN

— Pilze mit Küchenkrepp oder Pinsel vorsichtig putzen, Stiele
knapp abschneiden. Champignons und Kräuterseitlinge in
2–3 mm dicke Scheiben schneiden. Die Tomaten in feine Streifen schneiden. Pimentos abspülen und trocken tupfen.

— Aus Backpapier 8 etwa 30 cm große quadratische Bögen
zuschneiden. Papier in der Mitte mit Öl bestreichen. Pilze, Tomaten, Pimentos auf das gefettete Papier schichten. Zwischendurch mit Salz und Pfeffer würzen und etwas Olivenöl darüberträufeln. Je etwas Thymian und Rosmarinnadeln darauflegen.

— Das Papier locker über den Pilzen zu einem Päckchen zusammenfalten und auf den Grill legen. Bei indirekter Hitze
im Kugelgrill bei geschlossenem Deckel etwa 10–15 Minuten
grillen.

FÜR DIE GUACAMOLE

— Avocados halbieren, entkernen und das Fruchtfleisch aus den
Schalen lösen. Fruchtfleisch und Zitronensaft zusammen pürieren und mit Salz und Pfeffer abschmecken. Zu den Pilz-Päckchen
servieren.

 Fertig in 50 Minuten

 Pro Portion
ca. 195 kcal, E 3 g,
F 19 g, KH 3 g

 Dazu Baguette und
Fleur de Sel

Tipp

Damit sich die Guacamole nicht dunkel färbt, die Avocadokerne in den Dip drücken, mit Frischhaltefolie abgedeckt in den Kühlschrank stellen. Die Kerne vor dem Servieren wieder rausnehmen.

Kartoffelgratin
VOM HOLZKOHLEGRILL

Gratin aus dem Ofen kann ja jeder. Dieses liegt im Grill auf heißen Steinen und unter Kohlen. Unbedingt mal ausprobieren!

ZUTATEN

6 Portionen, vegetarisch

3 Zwiebeln
5 Zweige Salbei
1,5 kg festkochende Kartoffeln
Salz
frisch gemahlener Pfeffer
400 g Schlagsahne
2 EL Butter
Fett für die Form

▶ Einen Holzkohlegrill ohne Rost vorheizen. Dafür die Kohlen gleichmäßig in der Mitte des Grills auftürmen und mit Steinen abgrenzen. Dabei sollte der Abstand zwischen den Steinen so sein, dass die Gratin-Form darauf passt. Die Steine sind etwa 4 cm höher als die Holzkohle.

▶ Zwiebeln abziehen. 2 Zwiebeln in 1 cm dicke Scheiben schneiden. Restliche Zwiebel in dünne Ringe schneiden. Salbei abspülen, trocken tupfen und Blättchen abzupfen.

▶ Kartoffeln schälen, abspülen und in dünne Scheiben schneiden oder hobeln.

▶ Eine Form aus Gusseisen mit Deckel (Ø etwa 30 cm) mit Butter ausfetten. Die dickeren Zwiebelscheiben auf den Boden legen. Kartoffeln darauf fächerartig einschichten. Dabei jede Lage salzen, pfeffern, mit dünnen Zwiebelringen und Salbeiblättern bestreuen.

▶ Zum Schluss die Sahne über die Kartoffeln gießen. Die Butter als Flöckchen darauf verteilen. Deckel daraufgeben.

▶ Den Topf auf die vorbereiteten Steine geben und ein paar heiße Kohlen auf den Deckel legen. Etwa 35–40 Minuten backen. Es kann sein, dass die unteren Zwiebeln sehr dunkel werden. Dann lieber nicht mitessen.

 Ohne Wartezeit fertig in
1 Stunde

 Pro Portion
ca. 375 kcal, E 6 g,
F 24 g, KH 33 g

Tipp

Das Gratin klappt auch im Kugelgrill.

Gegrillte Süßkartoffeln

Während oben das Fleisch grillt, garen die Kartoffeln in der Glut vor sich hin.
Und dann sind sie hübsche Beilage oder Veggie-Hauptgericht

ZUTATEN

8 Portionen, vegetarisch

1 Schalotte
1 Knoblauchzehe
5 grüne Kardamomkapseln
30 g frischer Ingwer
200 g Butter
1 TL Meersalz
8 mittelgroße Süßkartoffeln
1 Bund Koriander
frisch gemahlener Pfeffer

— Schalotte und Knoblauch abziehen und fein würfeln. Kardamom in einem Mörser grob zerstoßen. Ingwer schälen und fein würfeln.

— Alles zusammen mit der Butter in einen Topf geben und so lange schmelzen lassen, bis die Butter leicht gebräunt ist – das dauert etwa 10 Minuten. Salz zugeben und verrühren.

— Etwa 15 Minuten ziehen lassen. Durch ein feines Sieb gießen. Butter fest werden lassen.

— Einen Holzkohlegrill oder Kugelgrill aufheizen.

— Die Süßkartoffeln abspülen, trocken tupfen und in Alufolie wickeln.

— Wenn der Grill aufgeheizt ist, die Süßkartoffeln in die Glut legen, schauen, dass auch Glut auf den Kartoffeln liegt – so garen sie gleichmäßiger. Dauert etwa 30 Minuten.

— Koriander abspülen, trocken schütteln und die Blättchen von den Stielen zupfen.

— Die heißen Süßkartoffeln aufschneiden und das weiche Innere mit der Butter zu einem Püree vermischen. Mit Pfeffer würzen und frischem Koriander bestreuen. Mit gewürzter Butter servieren. Restliche Butter schmeckt auch auf Baguette.

Ohne Wartezeit fertig in
etwa 50 Minuten

Pro Portion
ca. 355 kcal, E 3 g,
F 22 g, KH 37 g

Gegrillter Schweinebauch
MIT GLASUR

Wahrscheinlich hat der Mensch nur den Grill erfunden, um genau so ein Prachtstück von Fleisch darauf braten zu können …

ZUTATEN
4 Portionen

GLASUR
1 Zitrone
500 ml Cola
120 g Curry-Ketchup
3 EL Sojasauce
Ahornsirup
Salz
frisch gemahlener Pfeffer

600 g magerer Schweinebauch
(im Stück)

FÜR DIE GLASUR

▸ Zitrone auspressen. Zitronensaft und Cola in einem Topf ohne Deckel auf etwa 75–100 ml Flüssigkeit einkochen lassen. Eingekochten Cola-Sirup abkühlen lassen und mit Ketchup, Sojasauce und Ahornsirup verrühren. Glasur mit Salz, Pfeffer und Sirup abschmecken und kalt stellen.

▸ Planke abspülen und trocken tupfen. Schwarte mit einem sehr scharfen Messer im Abstand von etwa 1 cm einritzen. Fleisch rundherum mit Salz und Pfeffer einreiben. Einen Bogen Alufolie doppelt legen und das Fleisch darin fest einwickeln. In einem Kugelgrill bei mittlerer bzw. indirekter Hitze etwa 1 Stunde grillen. Päckchen dabei ungefähr alle 10 Minuten wenden, Grill-Deckel sonst geschlossen halten. Alternative: Fleisch im Ofen bei 180 Grad ca. 1 Stunde garen lassen.

▸ Das Fleisch aus der Folie/dem Ofen nehmen, rundherum mit der Glasur einstreichen. Nun direkt auf dem Grill rundherum knusprig grillen, dabei evtl. noch mal mit Glasur bestreichen.

▸ Den Schweinebauch mit Folie abdecken und noch etwa 10–15 Minuten ruhen lassen. Dann in Scheiben schneiden und die restliche Glasur als Sauce dazu servieren.

Fertig in
1 Stunde 30 Minuten

Pro Portion
ca. 375 kcal, E 30 g,
F 15 g, KH 27 g

Lachsforelle

VON DER »PLANKE«

Das ist etwas Besonderes, denn diese Forellen garen auf Zedernholz im Grill. Wer keine Planke hat, legt die Fische direkt auf den Rost – auch gut!

ZUTATEN

4 Portionen

2 Aroma-Planken (siehe Info)
2 ganze Lachsforellen mit
Kopf à 700 g
1 Bio-Zitrone
Fleur de Sel
etwas Zitronensaft

KRÄUTERÖL

½ Bund Dill
2 Stängel Estragon
½ Bund glatte Petersilie
1 kleine Knoblauchzehe
125 ml gutes Olivenöl
frisch gemahlener Pfeffer

▸ Aroma-Planken über Nacht in kaltes Wasser legen. 1 Stunde vor dem Grillen herausnehmen und trocken tupfen.

▸ Die Lachsforellen abspülen und gut trocken tupfen. Die Zitrone heiß abspülen und in Scheiben schneiden. Forellen im Bauchraum salzen, Zitronenscheiben hineinlegen. Fische auf die Holzbretter legen und etwa vier Mal bis zur Mittelgräte einschneiden.

FÜR DAS KRÄUTERÖL

▸ Kräuter abspülen, trocken schütteln, Blätter abzupfen und fein hacken. Knoblauch abziehen und durch eine Knoblauchpresse drücken. Kräuter, Knoblauch und Olivenöl verrühren, mit Salz und etwas Pfeffer würzen. Etwas von dem Kräuteröl in die Einschnitte der Forellen geben.

▸ Planken nacheinander auf einen Kugelgrill legen, den Deckel schließen.

▸ Forellen etwa 10 Minuten direkt über der Glut grillen, dann weitere 15–20 Minuten indirekt fertig grillen.

▸ Zum Servieren die Forellen mit wenig Fleur de Sel salzen und mit etwas Zitronensaft beträufeln. Das restliche Kräuteröl extra dazureichen.

Ohne Wartezeit fertig in
1 Stunde

Pro Portion
ca. 505 kcal, E 41 g,
F 38 g, KH 1 g

Lammhack-Spieße

MIT CURRYSAUCE

Kleine Lammbuletten garen am Zitronengrasstiel, gerösteter Blumenkohl
und eine leicht scharfe Joghurtsauce sind lässige Begleiter

ZUTATEN

4 Portionen

SPIESSE

2 Scheiben Toastbrot
2 Lauchzwiebeln
1 Knoblauchzehe
½ Limette
500 g Lammhack (oder
Rinderhack)
1 Ei
Salz
frischer Pfeffer
1 gehäufter TL Garam masala
8 Stängel Zitronengras

CURRY-JOGHURT-SAUCE

30 g kandierter Ingwer
½ Bund Koriander
400 g Sahne oder griechischer
Joghurt
2 TL mildes Currypulver
2–3 EL Limettensaft
Cayennepfeffer
Zucker

BLUMENKOHL

1 Blumenkohlkopf (etwa 1 kg)
2–3 EL Olivenöl
2–3 TL geröstetes Sesamöl
2–3 EL milder Essig

Fertig in
1 Stunde 10 Minuten

Pro Portion
ca. 490 kcal, E 35 g,
F 30 g, KH 18 g

FÜR DIE SPIESSE

← Toast einweichen. Lauchzwiebeln putzen, abspülen und fein
hacken. Knoblauch abziehen und ebenfalls hacken. Limette
heiß abspülen, trocken tupfen und die Schale fein abreiben.

← Toast gut ausdrücken und mit den Händen fein zerzupfen.
Brot, Lauchzwiebeln, Knoblauch, ½ TL Limettenschale,
Lammhack, Ei, Salz, Pfeffer und Garam masala zu einem glat-
ten Fleischteig verkneten.

← Etwas von dem Fleischteig abnehmen und mit den Händen
rund um einen Stängel Zitronengras drücken. Den restlichen
Teig ebenso verarbeiten. Die Spieße bis zum Grillen kalt stellen.

FÜR DIE CURRY-JOGHURT-SAUCE

← Den Ingwer sehr fein hacken. Koriander abspülen, trocken
schütteln und, bis auf ein paar Blättchen für die Deko, fein
hacken. Ingwer, Koriander, Joghurt, Currypulver und Limettensaft verrühren und mit Salz, Pfeffer, Cayennepfeffer und Zucker
abschmecken. Kalt stellen.

FÜR DEN BLUMENKOHL

← Den Backofen auf 200 Grad, Gas Stufe 4 vorheizen.

← Blumenkohl putzen, abspülen, in grobe Röschen teilen, in
etwa 3 mm dicke Scheiben schneiden und mit beiden Ölen
mischen. Auf einem Backblech ausbreiten und salzen. Im Backofen 15–20 Minuten rösten, dabei mit einem Pfannenwender
mehrmals wenden. Zuletzt den Grill noch einmal dazuschalten
und den Kohl rösten, bis er etwas gebräunt ist. Den Essig darüberträufeln, mit Salz, Pfeffer und Essig abschmecken.

← Spieße auf dem Grill rundum etwa 8 Minuten grillen, bis
das Fleisch gar und knusprig ist. Spieße und Blumenkohl mit
der Sauce und dem restlichen Koriander garniert servieren.

Tipp

Statt um Zitronengras-Stängel kann man das Fleisch auch um Holzspieße drücken.

Gegrillte Pfirsiche

Wenn der Grill schon mal heiß ist, warum nicht auch die Pfirsiche gleich mit auf den Rost legen? Mit Schinken eine spannende Vorspeise

ZUTATEN

4 Portionen

4 reife Pfirsiche
75 g Serrano-Schinken in hauch-
dünnen Scheiben (oder anderer
luftgetrockneter Schinken)

MARINADE

4 EL Ahornsirup
1 EL milder Essig
1 TL Senfpulver
etwas Currypulver
½ TL brauner Zucker
1 EL Sonnenblumenöl

― Die Pfirsiche abspülen, halbieren und Steine aus den Hälften herauslösen.

FÜR DIE MARINADE

― Ahornsirup, Essig, Senf- und Currypulver, Zucker und Öl mit einem Schneebesen verrühren. Die Pfirsichhälften in eine flache Schale legen und mit der Marinade übergießen. Für mindestens 30 Minuten kalt stellen und die Früchte einmal wenden.

― Pfirsiche in eine Grill-Aluschale legen und auf dem Grill von jeder Seite etwa 4–5 Minuten grillen, bis sie leicht karamellisiert sind. Die Früchte dann eventuell noch einmal direkt auf den Grillrost legen, dann bekommen sie ein schönes Streifenmuster.

― Den Schinken in gröbere Stücke zupfen und zusammen mit den Pfirsichen anrichten. Noch lauwarm servieren.

Ohne Wartezeit fertig in
25 Minuten

Pro Portion
ca. 130 kcal, E 5 g,
F 4 g, KH 17 g

Tipp

Für ein Dessert Pfirsiche halbieren, nur
mit braunem Zucker bestreuen,
grillen und mit Vanilleeis servieren.

Olivenpesto

Wenn's mal schnell gehen muss: Dieses Pesto ist ruck, zuck fertig, vielfältig einsetzbar – und ruck, zuck aufgegessen

ZUTATEN

6 Portionen, vegetarisch

150 g grüne entsteinte Oliven
50 g Parmesan-Käse im Stück
4 Knoblauchzehen
2 TL Orangenmarmelade
ca. 5 EL Olivenöl
Meersalz
frisch gemahlener Pfeffer

— Oliven, Parmesan, abgezogene Knoblauchzehen und die Orangenmarmelade im Blitzhacker oder Mixer portionsweise zerkleinern.

— Mit 3 EL Olivenöl verrühren, bis eine cremige Paste entstanden ist. Mit Salz und Pfeffer abschmecken. In ein Glas füllen und mit Olivenöl bedecken, sodass die Oberfläche gut mit Öl abgedeckt ist (das macht das Pesto halbarer).

 Fertig in 10 Minuten

 Pro Portion
ca. 185 kcal, E 3 g,
F 16 g, KH 6 g

 Dazu Spaghetti

Chimichurri

MIT OLIVEN

Diese scharfe Sauce, hier mit Oliven getunt, hat ihre Heimat in Argentinien –
kein Wunder, dass sie perfekt zu gegrilltem Rindfleisch passt

ZUTATEN

etwa 500 ml, vegetarisch

150 g grüne Oliven
1–2 grüne Chilischoten
je 1 Bund glatte Petersilie und
Oregano
1 Knoblauchzwiebel
1 rote Zwiebel
½–1 TL feines Meersalz
frisch gemahlener Pfeffer
100 ml Olivenöl
3 EL Rotweinessig

— Oliven entsteinen, Fruchtfleisch grob hacken.

— Chilischoten halbieren, entkernen und das Fruchtfleisch fein
würfeln (mit Küchenhandschuhen arbeiten). Kräuter abspülen,
trocken schütteln und fein hacken.

— Knoblauch schälen und grob hacken. Zwiebel abziehen und
würfeln.

— Alle Zutaten miteinander verrühren. Die Schärfe der Chimi-
churri wird zum Schluss mit 80–100 ml heißem Wasser ver-
dünnt.

 Fertig in 30 Minuten

 Insgesamt
ca. 1290 kcal, E 12 g,
F 123 g, KH 34 g

Ketchup mit Himbeeren
UND
Pfirsich-Chutney

Fangen Sie den Sommer ein mit sonnigem Chutney und beerigem Ketchup.
Ach ja, als Grillsaucen taugen beide auch ganz besonders gut!

ZUTATEN

KETCHUP MIT HIMBEEREN
etwa 600 ml Ketchup

700 g Tomaten
200 g Himbeeren (frisch oder TK)
3 Schalotten
2 EL Öl
200 g Zucker
150 ml Himbeer- oder Apfelessig
feines Meersalz
frisch gemahlener Pfeffer

PFIRSICH-CHUTNEY
4 Gläser Chutney à 200 ml Inhalt

1,2 kg Pfirsiche
2 rote Zwiebeln
1 Knoblauchzehe
150 g brauner Rohrzucker
100 ml Sherryessig
2–3 EL geriebener Meerrettich
(frisch oder aus dem Glas)
Salz

FÜR DAS KETCHUP

▸ Tomaten abspülen und fein würfeln. Himbeeren verlesen. Schalotten abziehen und fein würfeln. Schalotten im heißen Öl glasig dünsten. Tomatenwürfel dazugeben und kurz mitdünsten.

▸ Zucker, Essig, Himbeeren, 1 Prise Salz und etwa 100 ml Wasser zugeben. Etwa 30 Minuten ohne Deckel kochen lassen. Mit Salz und Pfeffer würzen.

▸ Den Ketchup durch ein Sieb streichen. Wem es zu flüssig ist: noch mal etwas einkochen lassen. Sofort in saubere Schraubflaschen füllen und verschließen. Fest verschlossen 4 Wochen haltbar.

FÜR DAS CHUTNEY

▸ Pfirsiche überbrühen und häuten. Pfirsiche halbieren, entsteinen und das Fruchtfleisch würfeln. Abgezogene Zwiebel und Knoblauch würfeln.

▸ Pfirsiche, Zwiebel, Knoblauch, Zucker und Essig in einem Topf aufkochen. Die Hitze herunterschalten und weitere 15–20 Minuten bei mittlerer Hitze ohne Deckel köcheln lassen.

▸ Mit Meerrettich und Salz würzen und heiß randvoll in saubere Schraubgläser füllen. Chutney schmeckt am besten, wenn es einen Tag durchgezogen ist. Hält sich 4 Wochen im Kühlschrank.

Beides fertig in
45 Minuten

Ketchup insgesamt
ca. 1250 kcal, E 11 g,
F 26 g, KH 231 g
Pro Glas Chutney
ca. 275 kcal, E 3 g,
F 0 g, KH 63 g

Zitronenhuhn

Macht sich fast von allein: alle Zutaten in den Bräter geben, ab in den Ofen damit –
und selbst beim Garen ein bisschen in der Sonne dösen …

ZUTATEN

4 Portionen

je ½ Bund Thymian und Oregano
2 Knoblauchzehen
1 Brathähnchen (etwa 1,5 kg)
Salz
frisch gemahlener Pfeffer
800 g festkochende mittelgroße
Kartoffeln
1 ½ Bio-Zitronen
5 EL Olivenöl
2 EL schwarze Oliven

— Die Kräuter abspülen und trocken schütteln. Knoblauchzehen abziehen.

— Das Hähnchen von innen und außen abspülen, trocken tupfen und ebenfalls von innen und außen mit Salz und Pfeffer einreiben. Das Hähnchen mit den ganzen Knoblauchzehen und gut der Hälfte der Kräuterzweige füllen und mit Küchengarn zusammenbinden. Mit der Brustseite nach unten in einen Bräter legen.

— Den Backofen auf 200 Grad, Umluft 180 Grad, Gas Stufe 4 vorheizen.

— Kartoffeln schälen, abspülen und vierteln. Kartoffeln ebenfalls in den Bräter geben, salzen und pfeffern. Die restlichen Kräuter zugeben.

— Zitronen heiß abspülen und trocken reiben. Die halbe Zitrone in Scheiben schneiden und in den Bräter legen, die andere Zitrone auspressen.

— Alles mit Zitronensaft und Olivenöl beträufeln. ¼ l kochendes Wasser in den Bräter gießen und alles 30 Minuten im Backofen braten.

— Den Bräter herausnehmen und den Backofen auf 180 Grad, Umluft 160 Grad, Gas Stufe 3 herunterschalten. Das Hähnchen wenden, die Oliven mit in den Bräter geben und wieder in den Ofen schieben. Etwa 1 Stunde weiterbraten, bis das Huhn und die Kartoffeln goldbraun sind. Falls die Flüssigkeit im Bräter verdampft ist, eventuell noch etwas heißes Wasser dazugießen.

Fertig in
1 Stunde 45 Minuten

Pro Portion
ca. 690 kcal, E 53 g,
F 42 g, KH 24 g

Dazu grüner Salat

Marinierter Schweinebraten

Ungewöhnlich und raffiniert: Der Schweinerücken saugt über Nacht
Rosmarin-Orangen-Aroma auf und gart im Ofen mit Sherry und Oliven

ZUTATEN

6 Portionen

1,5 kg ausgelöster Schweinerücken (Kotelettstrang;
am besten Bio)
Salz
frisch gemahlener Pfeffer
3 Bio-Orangen
½ frische junge Knoblauchzwiebel
(oder 2–3 getrocknete Knoblauchzehen)
1 kleiner Zweig Rosmarin
2 TL grobkörniger Senf
3 EL Olivenöl
2–3 EL Orangenmarmelade
¼ l Sherry (medium)
200 g schwarze entsteinte Oliven
100 g Kochsahne

Ohne Wartezeit fertig in
2 Stunden

Pro Portion
ca. 630 kcal, E 56 g,
F 34 g, KH 14 g

Dazu Rosmarinkartoffeln
oder Bandnudeln

— Fleisch abspülen, trocken tupfen, mit Salz und Pfeffer einreiben, in einen Gefrierbeutel legen. 2 Orangen auspressen. Die Knoblauchzehen abziehen und in dünne Scheiben schneiden. Rosmarin abspülen und trocken schütteln.

— Orangensaft, Senf, Rosmarin und Knoblauchscheiben mischen und zum Fleisch geben. Den Beutel verschließen und dann über Nacht im Kühlschrank stehen lassen. Den Beutel eventuell einmal drehen, damit das Fleisch auch schön gleichmäßig mariniert wird.

— Am nächsten Tag das Fleisch herausnehmen und die Marinade aufheben.

— Das Öl in einem Bräter oder Schmortopf erhitzen. Das Fleisch mit Küchenkrepp trocken tupfen und im heißen Öl rundherum braun anbraten. Die Orangenmarmelade auf das Fleisch streichen. Die Marinade aus dem Gefrierbeutel durch ein Sieb gießen und zum Braten geben. Zugedeckt 1 Stunde 30 Minuten bei mittlerer Hitze schmoren. Zwischendurch etwas Sherry dazugießen.

— Die Oliven abtropfen lassen. Die letzte Orange heiß abspülen und in Scheiben schneiden. Oliven und Orangenscheiben in den Bratensud geben und alles noch etwa 10 Minuten schmoren.

— Den Schweinebraten aus dem Bratensud nehmen und mit Alufolie abgedeckt warm halten.

— Restlichen Sherry und Sahne zum Bratensud geben und mit Pfeffer abschmecken.

— Das Fleisch in Scheiben schneiden und zusammen mit den Orangenscheiben und Oliven auf einer Platte anrichten. Mit etwas Sauce überziehen. Restliche Sauce extra dazu reichen.

Tipp

Die Sauce ist sehr dünnflüssig.
Wer sie lieber sämiger mag, rührt zum
Schluss eventuell etwas Saucen-
binder darunter.

Wolfsbarsch

MIT CHILI-ORANGEN-MAYONNAISE

Orangen, Oliven, Thymian und Röstkartoffeln: Auf dem Teller versammeln sich die Aromen des Mittelmeers

ZUTATEN

4 Portionen

MAYONNAISE

2 ganz frische Eigelb
1 TL mittelscharfer Senf
150 ml Olivenöl (extra vergine)
Meersalz oder Olivensalz
1 Bio-Orange
1 Knoblauchzehe
½ getrocknete Chilischote oder gemahlener Chili
1 Prise Vanillezucker

WOLFSBARSCH

4 Wolfsbarschfilets mit Haut
à ca. 90 g
1 Bio-Orange
1 Zweig Thymian
Olivensalz
500 g kleine Kartoffeln
3 EL Olivenöl
50 g Walnusskerne
50 g schwarze entsteinte Oliven ohne Salzlake
frisch gemahlener Pfeffer

 Fertig in 1 Stunde

 Pro Portion
ca. 780 kcal, E 26 g,
F 64 g, KH 27 g

FÜR DIE MAYONNAISE

⬣ Alle Zutaten sollen möglichst die gleiche Temperatur haben, dann gerinnt die Mayonnaise nicht so schnell. Die Eigelbe in eine Schüssel geben und mit dem Senf verrühren. Das Öl in feinem Strahl nach und nach dazugießen, dabei mit den Quirlen des Handrührers immer weiterschlagen, bis das Öl verbraucht und eine cremige Mayonnaise entstanden ist. Die Mayonnaise mit Olivensalz würzen.

⬣ Die Orange heiß abspülen, abtrocknen, die Schale fein abreiben. Eine Orangenhälfte auspressen, Saft und Schale unter die Mayonnaise rühren. Den Knoblauch abziehen, zerdrücken und zufügen. Die Mayonnaise mit zerdrückter Chilischote, etwas Vanillezucker und Olivensalz abschmecken und kühl stellen.

FÜR DEN WOLFSBARSCH

⬣ Die Fischfilets kalt abspülen und trocken tupfen. Orange heiß abspülen, abtrocknen und in Scheiben schneiden. Thymian abspülen, trocken schütteln, die Blättchen abzupfen. Fischfilets salzen und mit Thymianblättchen bestreuen.

⬣ Die Kartoffeln gründlich abspülen und abbürsten, größere halbieren oder vierteln. Olivenöl erhitzen und die Kartoffeln darin unter ständigem Wenden etwa 15 Minuten braten, bis sie knapp gar sind. Aus der Pfanne nehmen und warm stellen.

⬣ Die Fischfilets in der gleichen Pfanne auf der Hautseite kräftig anbraten. Herausnehmen. Walnusskerne und Oliven hacken und in die Pfanne geben. Kartoffeln zufügen und alles gut mischen. Fischfilets mit der Hautseite nach unten und die Orangenscheiben auf die Kartoffeln legen und alles in der geschlossenen Pfanne etwa 5 Minuten bei mittlerer Hitze gar ziehen lassen. Mit Salz und Pfeffer würzen. Und mit der Chili-Orangen-Mayonnaise servieren.

Schnitzel in Parmesankruste

MIT BROKKOLI-STAMPF

Jetzt wird's fein: Eine herrliche Parmesanpanade ummantelt die Schweinefilets, Macadamianüsse veredeln den Kartoffel-Brokkoli-Stampf

ZUTATEN

4 Portionen

PARMESANSCHNITZEL

400 g Schweinefilet
8 Salbeiblätter
50 g Parmesan-Käse
8 EL Semmelbrösel
2 Eier
8 EL Mehl
Salz
frisch gemahlener Pfeffer
Butterschmalz zum Braten

BROKKOLI-STAMPF

500 g mehligkochende Kartoffeln
500 g Brokkoli
1 Limette
60 g Macadamiakerne
100 ml Milch

Fertig in 50 Minuten

Pro Portion
ca. 730 kcal, E 41 g,
F 41 g, KH 49 g

FÜR DIE PARMESANSCHNITZEL

➤ Filet abspülen, trocken tupfen, in etwa 1 cm dicke Scheiben schneiden. Scheiben in einen Gefrierbeutel legen und mit dem Boden einer schweren Pfanne oder eines Topfes flach klopfen.

➤ Salbei abspülen und trocken tupfen. Parmesan fein reiben, mit den Semmelbröseln auf einen Teller geben. Eier in einem tiefen Teller verquirlen und mit Salz und Pfeffer würzen. Mehl ebenfalls in einen tiefen Teller geben und mit Salz und Pfeffer mischen.

FÜR DEN BROKKOLI-STAMPF

➤ Kartoffeln schälen, abspülen und in grobe Stücke schneiden. Brokkoli putzen, abspülen und in Röschen teilen. Kartoffeln in Salzwasser 10 Minuten kochen. Brokkoli dazugeben, weitere 10 Minuten kochen.

➤ Limette heiß abspülen, trocken tupfen und die Schale fein abreiben. Den Saft auspressen. Macadamiakerne grob hacken und in einer Pfanne ohne Fett goldbraun rösten. Die Milch erhitzen.

➤ Kartoffeln und Brokkoli abgießen und beides mit einem Kartoffelstampfer fein zerdrücken. Milch, Limettenschale und -saft unterarbeiten. Das Mus mit Salz und Pfeffer abschmecken und warm stellen.

➤ Die Schnitzel zuerst in Mehl, dann in verquirltem Ei und schließlich in der Semmelbrösel-Käse-Mischung wenden. Butterschmalz in einer Pfanne erhitzen und die Schnitzel darin etwa 4 Minuten braten und dabei wenden. Salbeiblätter dazugeben und kurz mitbraten.

➤ Die gebratenen Schnitzel mit Salbei und dem Brokkoli-Stampf auf Tellern anrichten. Macadamianüsse darüberstreuen und servieren.

Palatschinken

MIT QUARKFÜLLUNG UND HIMBEEREIS

Himbeereis und ganze Beeren schenken dem Pfannkuchen de luxe mit einer
Vanille-Mandel-Füllung den Sommer-Kick

ZUTATEN

4 Portionen, vegetarisch

HIMBEEREIS

250 g TK-Himbeeren
200 g Schlagsahne
3–4 EL Zucker

TEIG

2 Eier
175 ml Milch
2 EL Sonnenblumenöl
100 g Mehl
1 Prise Salz
Butter zum Braten

FÜLLUNG

500 g Quark
1 Päckchen Vanillezucker
1 Ei
2–3 EL Zucker
1 EL Vanillepuddingpulver (12 g)
Fett für die Form
2 EL Zucker
40 g Mandelstifte
100 g Himbeeren zum Bestreuen
evtl. Puderzucker zum Bestäuben

FÜR DAS HIMBEEREIS

➥ Himbeeren, Sahne und Zucker mit dem Stabmixer fein pürieren. In eine flache Schüssel geben und für mindestens 1 Stunde einfrieren. Oder in einer Eismaschine gefrieren.

FÜR DEN TEIG

➥ Eier, Milch und Öl verquirlen. Mehl und Salz nach und nach unterrühren.

➥ Eine kleine Pfanne dünn mit Butter ausstreichen und etwas Teig hineingießen. Wenn der Teig fest ist, den Pfannkuchen wenden und von der anderen Seite kurz goldbraun braten. So nacheinander 6–8 dünne Pfannkuchen backen.

➥ Den Backofen auf 180 Grad, Umluft 160 Grad, Gas Stufe 3 vorheizen.

FÜR DIE FÜLLUNG

➥ Quark, Vanillezucker, Ei, Zucker und Puddingpulver verrühren. Die Füllung in die Mitte der Pfannkuchen geben und die Pfannkuchen zur Hälfte über die Füllung schlagen. Pfannkuchen noch einmal zu einem Viertel zusammenfalten und mit der Öffnung nach oben in eine gefettete ofenfeste Form legen. Mit Zucker und Mandelstiften bestreuen.

➥ Im Ofen auf der unteren Einschubleiste etwa 20–25 Minuten backen. Wenn sie zu dunkel werden, mit etwas Backpapier abdecken.

➥ Himbeereis zu Kugeln formen und zu den Palatschinken servieren. Mit frischen Himbeeren bestreuen, eventuell mit Puderzucker bestäuben.

Ohne Wartezeit fertig in
1 Stunde 25 Minuten

Pro Portion
ca. 690 kcal, E 31 g,
F 34 g, KH 62 g

Träubles-Tarteletts

Die schwäbische Herkunft steckt schon im Namen: Johannisbeeren heißen dort
Träubles. Diese Törtchen sind aber überall ein Traum …

ZUTATEN

6 Stück

TEIG

250 g Mehl
150 g kalte Butter
1 Päckchen Vanillezucker
80 g Zucker
3 Eigelb
50 g geschälte gemahlene
Mandeln
Mehl zum Ausrollen
getrocknete Hülsenfrüchte zum
Vorbacken

FÜLLUNG

300 g rote und schwarze
Johannisbeeren (frisch oder TK)
3 Eiweiß
Salz
125 g Zucker
100 g geschälte gemahlene
Mandeln
evtl. Puderzucker zum Bestäuben

Ohne Wartezeit fertig in
1 Stunde 25 Minuten

Pro Stück
ca. 685 kcal, E 14 g,
F 39 g, KH 70 g

FÜR DEN TEIG

→ Mehl in eine Schüssel geben, in die Mitte eine Mulde ein-
drücken. Butterflöckchen auf dem Mehlrand verteilen. Vanillezucker, Zucker und Eigelbe in die Mulde geben. Zunächst mit
den Knethaken des Handrührers, dann mit den Händen zu einem glatten Teig verkneten. Für 30 Minuten kalt stellen.

→ Den Backofen auf 180 Grad, Umluft 160 Grad, Gas Stufe 3
vorheizen.

→ Den Teig in 6 Portionen teilen und jede Portion auf wenig
Mehl zu einem Teigfladen (etwa Ø 15 cm) ausrollen. Jeden Teigfladen in eine kleine Tarlettform (Ø 12 cm; am besten mit
herausnehmbarem Boden) legen. Den Teig mit den Händen andrücken und einen 1–2 cm hohen Rand formen. Den Teig in
den Förmchen mit Backpapier auslegen und mit getrockneten
Hülsenfrüchten füllen. Im Ofen 8–10 Minuten backen. Dann
herausnehmen, Hülsenfrüchte und Papier entfernen. Die Törtchen nochmals etwa 5–8 Minuten backen, bis der Teig gar ist.
Gemahlene Mandeln in die 6 Törtchen streuen.

FÜR DIE FÜLLUNG

→ Frische Johannisbeeren abspülen und die Beeren von den
Rispen streifen. Eiweiß und Salz steif schlagen. Zucker ein-
rieseln lassen und weiterschlagen, bis er sich aufgelöst hat. Zunächst die Mandeln, dann die Johannisbeeren kurz unter den
Eischnee heben.

→ Den Beeren-Eischnee auf die Törtchen streichen und im
Ofen bei gleicher Temperatur etwa 30 Minuten backen. Wenn
der Eischnee anfängt zu bräunen, einen Bogen Backpapier
darauflegen, damit die Tartes nicht zu dunkel werden. Herausnehmen und eventuell vor dem Servieren mit Puderzucker bestäuben. Die Tartes in kleine Kuchenstücke schneiden.

Tipp

Der Teig lässt sich ganz einfach
von der Arbeitsfläche lösen, wenn er auf
Frischhaltefolie ausgerollt wurde.

Herbst

Wie herrlich bunt die Natur jetzt ist! Der Herbst lockt mit den schönsten Farben zu einem Spaziergang durch raschelndes Laub. Wir feiern das Erntedankfest und kosten noch mal das reiche Angebot der Natur aus. Schön ist es, jetzt nach Hause zu kommen, wo vielleicht schon eine Kürbissuppe wartet. Oder wie wäre es mit einem aromatischen Bohneneintopf oder klassischen Rinderrouladen, wie es sie früher immer gab? Wenn draußen die Natur zur Ruhe kommt, dürfen wir das auch. Gern bei einem Stück Apfelkuchen. Oder zwei

Kürbissuppe

Ein richtiges Herbstglück: Kürbis! Hier kommt er als Suppe daher und bringt
einen Hauch Ingwer mit. Und mit Sahne und Preiselbeeren
sieht sie aus wie gemalt

ZUTATEN

6 Portionen, vegetarisch

1 kg Kürbis (am besten Hokkaido)
200 g Kartoffeln
1 Zwiebel
1 Stück frischer Ingwer (etwa 15 g)
2 EL Sonnenblumenöl
1 l Gemüsebrühe
Salz
frisch gemahlener Pfeffer
4 EL Schlagsahne
3 EL Holunderbeerkonfitüre
2 EL Preiselbeeren aus dem Glas

— Den Kürbis gut abspülen, trocknen und halbieren. Kerne und das »Stroh« entfernen. Das Fruchtfleisch zuerst in Spalten, dann in grobe Stücke schneiden (Hokkaido-Kürbis muss nicht geschält werden, andere Sorten schon).

— Kartoffeln schälen, abspülen und in grobe Stücke schneiden. Zwiebel abziehen und halbieren, Ingwer schälen und beides in kleine Würfel schneiden.

— Das Öl im großen Topf erhitzen und Kürbis, Kartoffeln, Zwiebel- und Ingwerwürfel etwa 3 Minuten unter Rühren andünsten. Dann die Brühe dazugießen und alles etwa 20 Minuten kochen lassen, bis das Gemüse weich ist.

— Gemüse in der Brühe mit dem Kartoffelstampfer grob zerstampfen, dann mit dem Stabmixer fein pürieren. Suppe mit Salz und Pfeffer abschmecken.

— Zum Servieren die Suppe in kleine vorgewärmte Teller oder Bowls geben und etwas flüssige Sahne mit einem Löffel kreisförmig darauf verteilen.

— Holunderbeerkonfitüre und Preiselbeeren verrühren, eventuell dabei leicht erwärmen und mit einem TL ebenfalls auf die Suppe geben. Sofort servieren.

Fertig in
1 Stunde 25 Minuten

Pro Portion
ca. 135 kcal, E 3 g,
F 7 g, KH 15 g

Steinpilzravioli

MIT PILZBRÜHE

Einfacher, als es aussieht: Die Ravioli werden aus fertigen Wan-Tan-Blättern gefaltet.
Und darin verbirgt sich eine kräftige Speck-Pilz-Füllung

ZUTATEN

4 Portionen

BRÜHE

10 g getrocknete Steinpilze
1 Bund Suppengrün
2 EL trockener Sherry
1 Lorbeerblatt
2 Wacholderbeeren
3 Pimentkörner
½ TL Pfefferkörner
1 TL Salz

RAVIOLI

etwa 24 TK-Wan-Tan-Teigblätter
(etwa 9 × 9 cm Größe; Asialaden)
200 g Steinpilze (oder Shiitake)
1 EL Pinienkerne
1 Schalotte
50 g geräucherter durch-
wachsener Speck
1 gestr. TL Rosmarinnadeln
frisch gemahlener Pfeffer
1 Eigelb
60 g Schmand

 Fertig in 45 Minuten

 Pro Portion
ca. 260 kcal, E 9 g,
F 11 g, KH 29 g

FÜR DIE BRÜHE

→ Die getrockneten Steinpilze mit einem Liter kochendem Wasser überbrühen und 10 Minuten ziehen lassen.

→ In der Zwischenzeit das Suppengrün putzen, abspülen und fein würfeln. Etwa ⅓ vom Gemüse zur Seite stellen. Restliches Gemüse, Steinpilzbrühe, Sherry und Gewürze aufkochen und bei kleiner Hitze 10 Minuten gerade eben kochen lassen. Die Steinpilzbrühe mit Salz abschmecken.

FÜR DIE RAVIOLI

→ Wan-Tan-Blätter nebeneinanderlegen und auftauen lassen.

→ Steinpilze vorsichtig mit einem Pinsel oder mit Küchenkrepp putzen, fein würfeln.

→ Pinienkerne in einer Pfanne ohne Fett goldbraun rösten.

→ Schalotte abziehen, halbieren und fein würfeln. Den Speck ebenfalls in feine Würfel schneiden und in einer Pfanne bei mittlerer Hitze kross ausbraten. Schalottenwürfel, gehackten Rosmarin und Steinpilze dazugeben und rundum anbraten. Mit Salz und Pfeffer abschmecken und die gerösteten Pinienkerne dazugeben.

→ Eigelb und 1 TL Wasser verrühren. Die Ränder von 12 Wan-Tan-Blättern mit der Eigelbmischung bestreichen. Je 1 TL Steinpilzfüllung in die Mitte auf die bestrichenen Teigblätter geben. 1 kleinen TL Schmand auf die Füllung geben. Mit einem zweiten Wan-Tan-Blatt belegen und die Ränder fest andrücken. Eventuell mit einem gewellten Teigrädchen rundherum radeln, damit der Teigrand wellig wird.

→ Ravioli und restliche Gemüsewürfel in der heißen Steinpilzbrühe etwa 3 Minuten gerade eben kochen lassen. Sofort servieren.

Tipp

Soll's vegetarisch sein, den Speck durch
mehr Pilze (gewürzt mit geräuchertem
Paprikapulver, gibt's z. B. in Läden
mit spanischen Lebensmitteln) ersetzen.

Bohneneintopf
MIT TOMATENWÜRZPASTE

Der Bohnen-Kartoffel-Eintopf bekommt durch die Würzpaste eine orientalische Note – Ingwer, Kurkuma und Kreuzkümmel sei Dank!

ZUTATEN

4 Portionen, vegetarisch

WÜRZPASTE

30 g frischer Ingwer
1 Knoblauchzehe
1 EL Sonnenblumenöl
1 EL dunkle Senfsaat
1 TL gemahlene Kurkuma
1 TL Kreuzkümmel (Cumin)
1 gestrichener TL geschroteter Chili
1 EL Tomatenmark
1 Dose gehackte Tomaten (400 g)
100 ml milder Essig
50 g brauner Zucker
Salz

EINTOPF

2 Dosen weiße Bohnen
(à 400 g; z. B. Cannellini)
1 Stange Porree
350 g Kartoffeln
500 g Wirsingkohl
2 EL Sonnenblumenöl
1 Lorbeerblatt
2 EL Sesamsaat
1 l Gemüsefond oder -brühe
frisch gemahlener Pfeffer

FÜR DIE WÜRZPASTE

— Ingwer und Knoblauch schälen und fein hacken.

— Öl in einer Pfanne erhitzen. Senf, Kurkuma, Kreuzkümmel und Chili dazugeben und bei mittlerer Hitze etwa 3 Minuten rösten lassen. Ingwer, Knoblauch und Tomatenmark unterrühren und weitere 2 Minuten braten.

— Tomaten, Essig, Zucker und Salz dazugeben und aufkochen. Bei mittlerer Hitze etwa 25 Minuten ohne Deckel einkochen lassen.

FÜR DEN EINTOPF

— Bohnen in ein Sieb gießen, abspülen und abtropfen lassen. Porree putzen, abspülen, längs halbieren und in halbe Ringe schneiden. Kartoffeln schälen, abspülen und in Stücke schneiden. Wirsing putzen, vierteln, den Strunk herausschneiden und die Kohlviertel in grobe Stücke schneiden.

— Öl in einem großen Topf erhitzen. Porree, Kartoffeln, Wirsing, Lorbeer und Sesam bei schwacher Hitze etwa 8 Minuten darin anbraten. Fond und Bohnen dazugeben und bei mittlerer Hitze etwa 15 Minuten köcheln lassen. Mit Salz und Pfeffer abschmecken.

— Die Tomatenwürzpaste zum Eintopf reichen.

 Fertig in 1 Stunde

 Pro Portion
ca. 405 kcal, E 18 g,
F 13 g, KH 52 g

Steinpilze

IN PAPIER GEGART

Selbst der so edle Steinpilz kann noch besser werden – im Papier gegart
verdichtet sich sein Aroma, Estragon hilft dabei

ZUTATEN

4 Portionen, vegetarisch

300 g Steinpilze
(oder Kräuterseitlinge)
Salz
frisch gemahlener Pfeffer
20 g Butter
4 kleine Zweige Estragon
Butter für das Backpapier

← Den Backofen auf 200 Grad, Umluft 180 Grad, Gas Stufe 4 vorheizen.

← Aus Backpapier 4 große quadratische Bögen zuschneiden und dünn mit Butter bestreichen. Pilze putzen (siehe Tipp), in dünne Scheiben schneiden und auf die Bögen verteilen. Pilze salzen, pfeffern. Die Butter in kleinen Flöckchen darauf verteilen.

← Estragon abspülen, trocken schütteln und in jedes Pilzpaket einen kleinen Zweig legen. Das Backpapier zu kleinen Päckchen falten und mit Küchengarn gut verschließen.

← Die Päckchen auf ein Backblech legen und im Backofen etwa 12 Minuten backen. Auf Teller legen und erst kurz vor dem Verzehr das Päckchen öffnen.

 Fertig in 25 Minuten

 Pro Portion
ca. 55 kcal, E 3 g,
F 4 g, KH 1 g

 Dazu Steak oder Salat

Kartoffelpuffer

Wer Herbst denkt, muss auch Kartoffelpuffer sagen, die gehören zusammen.
Egal, ob Sie sie lieber süß oder deftig mögen: Hier kommt das Rezept der Rezepte

ZUTATEN

15 Stück, vegetarisch

500 g große Kartoffeln
1 große gekochte Kartoffel (120 g)
1 Zwiebel
1 Ei
Salz
3 EL Butterschmalz zum Braten

— Die rohen Kartoffeln schälen, abspülen und auf einer Rohkostreibe fein reiben. Die gekochte Kartoffel abziehen und ebenfalls fein reiben.

— Zwiebel abziehen und fein würfeln. Rohe und gekochte Kartoffeln, Zwiebelwürfel und das Ei verrühren und die Mischung salzen.

— Butterschmalz in einer beschichteten Pfanne erhitzen. Einen Esslöffel vom Kartoffelteig ins heiße Fett geben und zu etwa handtellergroßen Puffern verstreichen. Nur so viele Puffer in die Pfanne geben, dass sie sich nicht berühren.

— Die Puffer von beiden Seiten goldbraun braten. Fertige Kartoffelpuffer auf Küchenkrepp legen (das saugt das überschüssige Fett auf) und im Backofen warm halten.

 Fertig in 45 Minuten

 Pro Portion
ca. 50 kcal, E 1 g,
F 2 g, KH 5 g

 Dazu Apfelmus und
Puderzucker für die süße
Variante, geräucherten
Lachs oder Kaviar und
Crème fraîche für alle,
die's herzhaft mögen

Kartoffel-Puffer

Sellerie-Haselnuss-Puffer

MIT LIMETTENSCHMAND

Haferflocken, Haselnüsse und Sellerie ergeben goldbraune Knusperpuffer
und werden von Limetten-Joghurt-Schmand geadelt

ZUTATEN
4 Portionen, vegetarisch

PUFFER
50 g Haselnusskerne
70 g Bergkäse
1 Bund Thymian
400 g Knollensellerie
1 kleine Stange Porree
3–4 Eier
2 EL blütenzarte Haferflocken
Salz
Cayennepfeffer
40 g Butterschmalz zum Braten

LIMETTENSCHMAND
1 Bund Estragon
½ Limette
250 g Schmand
150 g griechischer Joghurt

FÜR DIE PUFFER

⟶ Haselnusskerne grob hacken. Käse fein reiben. Thymian abspülen, trocknen, Blättchen abzupfen.

⟶ Sellerie schälen, abspülen, grob raspeln. Porree putzen, abspülen, in feine Ringe schneiden. In einer Schüssel mischen. Eier und Haferflocken unterrühren, mit Salz und Cayennepfeffer würzen. Ist die Masse zu fest, noch ein Ei unterrühren.

FÜR DEN LIMETTENSCHMAND

⟶ Estragon abspülen, trocken schütteln und die Blätter hacken. Limette heiß abspülen, trocken tupfen und die Hälfte der Schale fein abreiben. Schmand, Joghurt, Estragon und abgeriebene Limettenschale verrühren und mit Salz und Cayennepfeffer abschmecken.

⟶ In einer großen beschichteten Pfanne etwas Butterschmalz erhitzen. Mit einem Esslöffel etwas von der Selleriemasse in die Pfanne geben und zu einem kleinen Puffer verstreichen. So viele Puffer in die Pfanne geben, dass sie sich nicht berühren. Die Puffer von jeder Seite etwa 2–3 Minuten goldbraun braten, dann im Ofen warm stellen.

⟶ Restlichen Teig wie beschrieben zu kleinen Puffern backen. Zusammen mit dem Limettenschmand servieren.

 Fertig in 45 Minuten

 Pro Portion
ca. 550 kcal, E 16 g,
F 48 g, KH 14 g

Schafkäse im Thymian-Haselnuss-Mantel

AUF HERBSTSALAT

Man paniere Schafkäse mit Haselnüssen, reiche dazu Salate und Sellerie und bringe alles mit Granatapfelkernen zum Leuchten …

ZUTATEN

4 Portionen, vegetarisch

SALAT

1 Granatapfel
Salz
frisch gemahlener Pfeffer
1 EL Ahornsirup
3–4 EL Walnussöl
2 EL Essig
300 g Baby-Leaf-Salatblätter
oder ½ Kopf Eichblattsalat
2 Stangen Staudensellerie
300 g Knollensellerie

SCHAFKÄSE

400 g Feta-Schafkäse im Stück
12 Stängel Thymian
2 Eier
70 g Semmelbrösel
40 g Haselnussblättchen
2–3 EL Mehl
Butterschmalz zum Braten

Fertig in 45 Minuten

Pro Portion
ca. 820 kcal, E 25 g,
F 69 g, KH 27 g

FÜR DEN SALAT

— Granatapfel halbieren und eine Hälfte auf einer Zitronenpresse auspressen. Aus der zweiten Hälfte die Kerne herauslösen. Granatapfelsaft mit Salz, Pfeffer, Ahornsirup, Walnussöl und Essig zu einer Marinade verrühren.

— Salatblätter verlesen, abspülen und trocken schleudern. Selleriestangen putzen und eventuell dabei die Fäden abziehen. Sellerie fein würfeln. Knollensellerie schälen, abspülen und in feine Scheiben schneiden. Scheiben dann in mundgerechte Stücke teilen. Selleriestücke in kochendes Salzwasser geben, einmal aufkochen lassen und in ein Sieb gießen. Kalt abspülen und gut abtropfen lassen.

FÜR DEN SCHAFKÄSE

— Den Käse in 4 Scheiben schneiden. Scheiben quer halbieren. Thymian abspülen, trocken schütteln und die Blättchen abzupfen.

— Eier in einem tiefen Teller mit Salz und Pfeffer verquirlen. Semmelbrösel, Haselnuss- und Thymianblättchen in einem zweiten Teller mischen. Das Mehl in einen dritten Teller geben.

— Das Butterschmalz in einer großen Pfanne erhitzen. Die Käsescheiben zunächst in Mehl, dann in verquirltem Ei und schließlich in der Haselnuss-Thymian-Mischung wenden. Die Scheiben im heißen Butterschmalz von beiden Seiten goldbraun braten.

— Salatblätter und Selleriestücke auf Tellern anrichten und mit der Granatapfelmarinade beträufeln. Granatapfelkerne darüberstreuen und je 2 Scheiben gebratenen Käse darauf anrichten. Die Staudenselleriewürfel darüberstreuen.

Graupotto

MIT GARNELEN

Das sahnige Graupen-»Risotto« bereitet ein weiches Bett für
Garnelen und gebratene Jakobsmuscheln

ZUTATEN

4 Portionen

25 g frischer Ingwer
2 Knoblauchzehen
1 rote Chilischote
2 EL Butter
250 g Graupen
100 ml Sekt oder Mineralwasser
1 großes Bund Dill
500 ml Fischfond
Meersalz
200 g TK-Garnelen (z. B. Pacific
Prawns; aus nachhaltigem Fischfang; z. B. mit MSC-Siegel)
8 Jakobsmuscheln (nur das
Muskelfleisch)
125 g Schlagsahne
1 Limette

— Ingwer und Knoblauch schälen und in einer stabilen Knoblauchpresse zerdrücken. Chili abspülen, der Länge nach aufschneiden, Kerne entfernen. Chilischote in feine Ringe schneiden (mit Küchenhandschuhen arbeiten).

— Die Butter erhitzen und Ingwer, Knoblauch und Chili darin
andünsten. Die Graupen zufügen und andünsten. Den Sekt
dazugießen.

— Dill abspülen, trocken schütteln, die feinen Ästchen abzupfen und beiseitelegen. Die dicken Dillstängel mit Küchenband
zusammenbinden und zu den Graupen geben.

— Den Fischfond erhitzen und dazugießen, alles mit Salz würzen. ½ l heißes Wasser nach und nach unter Rühren dazugießen. Die Graupen bei kleiner Hitze etwa 35 Minuten dünsten.
In den letzten 5 Minuten die gefrorenen Garnelen auf die Graupen legen und erhitzen.

— Jakobsmuscheln am besten in einer geölten Grillpfanne
(so bekommen sie die Streifen) von jeder Seite 1 Minute braun
braten.

— Sahne steif schlagen. Limette halbieren und die Sahne mit
Limettensaft würzen.

— Dillstängel aus dem Graupotto nehmen. Die Sahne unter die
Graupen ziehen und dann nochmals mit Salz abschmecken.
Mit reichlich fein geschnittenem Dill bestreuen. Die gebratenen
Jakobsmuscheln darauf anrichten.

— Die restliche Limette in Spalten schneiden und dazu servieren.

 Fertig in 50 Minuten

 Pro Portion
ca. 480 kcal, E 21 g,
F 19 g, KH 51 g

Linsotto

Es muss nicht immer Reis sein: In Tee gegarte Beluga-Linsen sind die ideale
Begleitung für gebratene Kräuterseitlinge und herrlich krossen Speck

ZUTATEN

4 Portionen

100 g Frühstücksspeck (je zur
Hälfte gewürfelt und in Scheiben)
3 Earl-Grey-Teebeutel
1 Stange Porree (ca. 200 g)
200 g Beluga-Linsen
1 kleines Sträußchen Thymian
200 g Kräuterseitlinge oder
braune Champignons
1 Knoblauchzehe
2 EL Olivenöl
1 EL flüssiger Honig
2 EL Balsamessig
150 g saure Sahne
3 EL Sojasauce
Salz
frisch gemahlener Pfeffer

→ Die Speckwürfel und -scheiben in einem Topf bei kleiner
Hitze langsam knusprig braten. Den Speck herausnehmen.

→ Die Teebeutel mit ½ l kochendem Wasser begießen und
6 Minuten ziehen lassen.

→ Den Porree putzen, abspülen und in sehr dünne Ringe
schneiden (ein paar weiße Ringe für die Deko beiseitelegen).
Porreeringe zusammen mit den Linsen im Speckfett glasig
dünsten.

→ Den heißen Tee und das abgespülte Thymiansträußchen
zufügen und die Linsen etwa 40 Minuten unter gelegentlichem
Rühren dünsten.

→ Die Pilze mit Küchenkrepp abreiben und in Stücke schneiden. Knoblauch abziehen.

→ Die Pilze und die Knoblauchzehe in heißem Olivenöl kurz
braun braten. Honig und Balsamessig dazugeben und einmal
aufkochen lassen. Beiseitestellen.

→ Saure Sahne und Sojasauce unter das Linsotto rühren. Mit
Salz und viel Pfeffer abschmecken.

→ Den Speck kurz aufbraten und zusammen mit den weißen
Porreeringen und den Pilzen mit dem Essigsud auf dem Linsotto
anrichten.

Fertig in 1 Stunde

Pro Portion
ca. 400 kcal, E 21 g,
F 20 g, KH 34 g

Rotweinrouladen

MIT BACON UND LAUCHZWIEBELN

Sie wollten schon immer mal das perfekte Rouladenrezept ohne Schnickschnack haben, das mindestens so gut ist wie damals? Hier ist es!

ZUTATEN

6 Portionen

ROTWEINMARINADE

1 kleiner Zweig Rosmarin
½ Bund Thymian
3 Wacholderbeeren
½ TL schwarze Pfefferkörner
250 ml trockener Rotwein
100 ml Portwein
2 Lorbeerblätter

ROULADEN

6 Rinderrouladen à etwa 200 g
(am besten Bio)
1 Bund Lauchzwiebeln
1 Bund Suppengrün
3 TL Senf oder körniger Senf
Salz
frisch gemahlener Pfeffer
12 Scheiben Bacon (Frühstücksspeck)
1–2 EL Butterschmalz
1 Stück geräucherte Speckschwarte
400 ml Rinderfond
100 g Schlagsahne
1–2 EL Mehl
etwas Portwein
etwas Zucker

 Ohne Wartezeit fertig in
2 Stunden 15 Minuten

 Pro Portion
ca. 530 kcal, E 50 g,
F 27 g, KH 10 g

 Dazu die Klassiker Salz-
kartoffeln und Rotkohl

FÜR DIE ROTWEINMARINADE

— Rosmarin und Thymian abspülen und trocken schütteln. Wacholderbeeren und Pfefferkörner grob zerdrücken. Alle Zutaten für die Marinade mischen.

FÜR DIE ROULADEN

— Das Fleisch mit Küchenkrepp trocken tupfen und zusammen mit der Marinade in einen großen Gefrierbeutel geben. Den Beutel fest verschließen und das Fleisch im Kühlschrank über Nacht marinieren lassen.

— Lauchzwiebeln putzen, abspülen und in etwa 4 cm lange Stücke schneiden. Suppengrün putzen, abspülen und würfeln. Rouladen in einem Sieb abtropfen lassen, Marinade aufheben. Das Fleisch trocken tupfen. Ein Stück Frischhaltefolie auf die Arbeitsfläche legen und eine Roulade darauflegen. Das Fleisch mit der breiten Seite eines großen Messers möglichst dünn verstreichen. Oder ein Stück Frischhaltefolie aufs Fleisch legen und mit dem Boden eines großen Stieltopfes flach klopfen (nächste Seite, Fotos 1–2). Wie beschrieben alle Rouladen vorbereiten.

— Rouladen mit Senf bestreichen und mit Salz und Pfeffer würzen (Foto 3). Je 2 Scheiben Bacon auf die Rouladen legen und die Lauchzwiebelstückchen darauf verteilen (Foto 4). Das Fleisch fest aufrollen und mit einer Rouladennadel feststecken (Foto 5–6).

— Das Butterschmalz in einem großen Bräter erhitzen und die Rouladen darin rundherum schön kräftig anbraten. Die Röststoffe geben der Sauce ein volles Aroma.

➤

•— Rouladen herausnehmen und das Suppengrün im Bratfett ebenfalls kräftig anbraten. Rouladen wieder in den Topf geben. Speckschwarte, aufgefangene Marinade mit den Gewürzen und Kräutern und den Fond dazugeben. Das Fleisch sollte knapp mit Flüssigkeit bedeckt sein.

•— Rouladen im geschlossenen Bräter etwa 1 Stunde 40 Minuten schmoren lassen.

•— Das Fleisch aus dem Bräter nehmen, den Schmorsud durch ein Sieb gießen und zusammen mit der Schlagsahne nochmals aufkochen lassen. Mehl und etwas Wasser verrühren und in die kochende Sauce rühren. Mit Salz, Pfeffer, einer Prise Zucker und Portwein abschmecken.

•— Die Rouladen in der Sauce servieren.

Marinierte Kartoffeln

MIT APFELSTREIFEN

Lauwarm und mit einem Dickmilch-Dip serviert sind die in Apfelmarinade gewürzten
Knollen ein flotter Konkurrent zum klassischen Kartoffelsalat

ZUTATEN

4 Portionen, vegetarisch

KARTOFFELN

1 kg Kartoffeln
Salz

MARINADE

½ Gemüsezwiebel
200 ml Apfelsaft
2 TL Senfkörner
1 TL mittelscharfer Senf
3 EL Weißweinessig
frisch gemahlener Pfeffer
2 EL mildes Rapskernöl
2–3 Zweige frischer Majoran
1 süß-säuerlicher Apfel
(z. B. Elstar)
1 TL rosa Pfefferbeeren
200 g Dickmilch (oder saure
Sahne)
1 EL Apfeldicksaft (Reformhaus)

 Ohne Wartezeit fertig in
40 Minuten

 Pro Portion
ca. 325 kcal, E 7 g,
F 12 g, KH 46 g

 Dazu Matjesfilets (im
Laden vorbereiten
lassen) oder Würstchen

FÜR DIE KARTOFFELN

— Die Knollen unter fließendem kaltem Wasser abbürsten und
in Salzwasser 20 Minuten gar kochen.

FÜR DIE MARINADE

— Die Gemüsezwiebel abziehen und in feine Streifen schneiden. Apfelsaft und Senfkörner in einem kleinen Topf aufkochen, die Zwiebelstreifen dazugeben und alles einmal aufkochen lassen. Den Topf vom Herd nehmen.

— Senf, Essig, Salz und Pfeffer verrühren. Das Rapsöl in feinem Strahl dazugießen und mit einer Gabel unterschlagen. Die
Zwiebeln mit der Apfelmarinade unterrühren.

— Den Majoran abspülen, trocken tupfen und die Blättchen
von den Stielen zupfen.

— Kartoffeln abgießen, gut abdampfen lassen und der Länge
nach halbieren. Noch heiß mit der Marinade begießen und
mindestens 30 Minuten ziehen lassen.

— Den Apfel abspülen, vierteln, das Kerngehäuse entfernen und
das Fruchtfleisch in Streifen schneiden. Apfelstreifen zusammen
mit den Majoranblättchen kurz vor dem Servieren unter die
Kartoffeln mischen. Salzen und mit rosa Pfefferbeeren bestreuen.

— Dickmilch oder saure Sahne glatt rühren und den Apfeldicksaft locker unterrühren.

— Marinierte Kartoffeln und verrührte Dickmilch zusammen
servieren.

Martinsgans

MIT FÜLLUNG

Was gibt es Schöneres an St. Martin, als am Abend mit Freunden und Familie
eine leckere Martinsgans zu genießen

ZUTATEN

4–6 Portionen

GANS

1 junge Martinsgans
(etwa 5 kg; am besten Bio)
grobes Salz
frisch gemahlener Pfeffer
1 Bund Suppengrün

FÜLLUNG

2 Zweige Majoran
2 kleine säuerliche Äpfel
(z. B. Boskop oder Elstar)
2 kleine Birnen
1 Bio-Orange
2 Zweige getrockneter Beifuß
1–2 EL heller Saucenbinder
1 EL Schmand

Fertig in
3 Stunden 30 Minuten

Pro Portion
ca. 885 kcal, E 148 g,
F 33 g, KH 32 g

Dazu Preiselbeeren

FÜR DIE GANS

— Bei der Gans die Fettdrüse an der Oberseite des Bürzels
(Schwanzende) entfernen. Beutel mit den Innereien aus dem
Bauch nehmen. Gans von innen und außen gut abspülen, mit
Küchenkrepp trocken tupfen.

— Die Gans von innen und außen kräftig mit Salz und Pfeffer
einreiben. Das Suppengrün putzen, abspülen und in grobe
Würfel schneiden.

FÜR DIE FÜLLUNG

— Den Majoran abspülen, trocken schütteln und die Blätter von
den Stielen zupfen. Äpfel und Birnen abspülen, vierteln, das
Kerngehäuse entfernen und nochmals der Länge nach halbieren.

— Die Orange heiß abspülen, trocken tupfen und die Schale mit
einem Sparschäler dünn abschneiden. Den Orangensaft auspressen und für die Sauce beiseitestellen. Beifußblättchen von
den Stielen zupfen.

— Den Backofen auf 180 Grad, Umluft 160 Grad, Gas Stufe 3
vorheizen.

— Apfel- und Birnenspalten, Majoran, Beifuß und Orangenschale mischen und mit Salz und Pfeffer würzen. Die Füllung in
die Gans geben (nächste Seite, Foto 1). Die Hals- und Bauch-
öffnung der Gans mit kleinen Holzspießen und Küchengarn fest
verschließen (Foto 2).

— Innereien aus dem Beutel und den Hals der Gans abspülen
und in die Fettpfanne des Backofens legen. ½ l kochendes Wasser mit in die Fettpfanne gießen und auf die untere Einschubleiste des Ofens schieben.

Tipp

Kleine Federkiele, die eventuell noch
in der Haut stecken, können Sie
nach etwa 30 Minuten Bratzeit ganz
einfach mit einer Pinzette entfernen:
Durch die Hitze spannt sich die Haut,
die Kiele richten sich auf und lassen sich
so problemlos herausziehen (Foto 3).

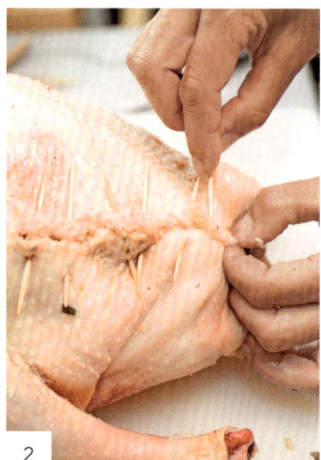

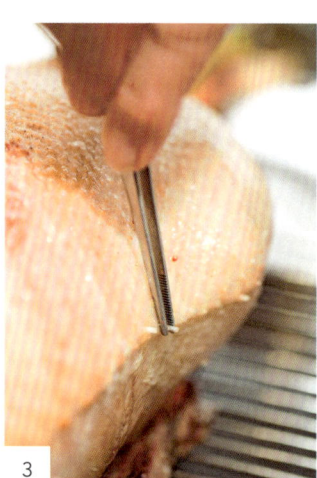

— Die Gans mit der Brust nach unten auf den Backofenrost legen. Mit einem Zahnstocher die Haut rund um die Schenkel einstechen, damit das Fett gut ausbraten kann. Den Rost mit der Gans über die Fettpfanne schieben und 1 Stunde 30 Minuten braten. Nach 1 Stunde die Gans mit dem ausgebratenen Fett bestreichen (Foto 4).

— Nach der angegebenen Bratzeit die gesamte Flüssigkeit aus der Fettpfanne in eine Schüssel gießen und aufheben. Die Innereien auf dem Blech lassen. Das Suppengrün und 200 ml Wasser dazugeben und wieder in den Ofen schieben.

— Die Gans wenden und nochmals 1 Stunde 30 Minuten braten. Dabei 2- bis 3-mal mit dem ausgebratenen Gänsefett aus der Fettpfanne bestreichen.

— Fertig gebratene Gans auf einer Platte anrichten, warm stellen. Bratfond aus der Fettpfanne durch ein Sieb gießen, kurz stehen lassen und entfetten.

FÜR DEN BRATSUD

— Den zuerst abgegossenen Bratsud und Orangensaft in einem Topf aufkochen. Saucenbinder unter Rühren einstreuen, dann den Schmand in die Sauce rühren. Mit Salz und Pfeffer würzen. Sauce extra zum Fleisch reichen.

Haselnussschmarrn

MIT BIRNENRÖSTER

Eine köstliche Variante des Klassikers: im Teig gemahlene Nüsse,
dazu aromatisch-saftige Birnen

ZUTATEN

4 Portionen, vegetarisch

BIRNENRÖSTER

1 Bio-Zitrone
500 g reife Birnen
100 g Zucker
1 kleine Stange Zimt
2–3 Nelken
evtl. 2 EL Birnengeist

TEIG

1 Bio-Zitrone
4 Eier
190 ml Milch
175 g Mehl
75 g gemahlene Haselnusskerne
20 g Zucker
Salz
2 Päckchen Vanillezucker
evtl. 2 EL Rum-Rosinen
40 g Butter
1 TL Puderzucker zum Bestäuben

 Ohne Wartezeit fertig in
40 Minuten

 Pro Portion
ca. 720 kcal, E 17 g,
F 29 g, KH 90 g

FÜR DEN BIRNENRÖSTER

— Die Zitrone heiß abspülen, trocken reiben und die Schale mit einem Sparschäler dünn abschälen. Den Saft auspressen.

— Die Birnen schälen, vierteln und das Kerngehäuse herausschneiden. Die Birnenviertel in schmale Spalten schneiden.

— 100 ml Wasser, 75 g Zucker, Zitronenschale, Zimt und Nelken aufkochen.

— Die Birnenspalten dazugeben und bei kleiner Hitze 2–3 Minuten dünsten, bis die Birnen weich sind (nicht so reife Früchte brauchen länger). Eventuell den Birnengeist unterrühren und das Kompott mit Zucker und Zitronensaft abschmecken. In einer Schüssel abkühlen lassen.

FÜR DEN TEIG

— Die Zitrone heiß abspülen, trocken tupfen und die Schale fein abreiben. Die Eier trennen. Eigelbe und Milch verquirlen. Mehl, Haselnüsse, Zucker, Zitronenschale, 1 Prise Salz, Vanillezucker und eventuell die Rum-Rosinen dazugeben. Mit einem Schneebesen verrühren und den Teig 15 Minuten quellen lassen.

— Eiweiß und 1 Prise Salz zusammen zu steifem Schnee schlagen und mit einem Schneebesen unter den Teig heben.

— In einer beschichteten Pfanne (Ø 28 cm) wenig Butter erhitzen und etwas Teig darin etwa 1 cm dick verstreichen. Teig bei kleiner Hitze stocken lassen.

— Etwas Butter seitlich unter den Pfannkuchen in die Pfanne geben und Pfannkuchen mit zwei Bratenwendern wenden. Pfannkuchen von der zweiten Seite kurz backen, dann mit zwei Gabeln in Stücke reißen. Schmarrn mit Puderzucker bestreuen und zusammen mit dem Birnenröster servieren.

Tipp

Zum Schmarrn schmecken – je nach
Jahreszeit – auch stückiges Apfelmus,
Zwetschgen- oder Marillenkompott.

Versunkener Apfelkuchen

Natürlich ist Omas Apfelkuchen für alle Zeiten der beste,
aber dieser hier kommt ganz nah dran …

ZUTATEN
16 Stücke

RÜHRTEIG
200 g weiche Butter
175 g feiner Zucker
1 Päckchen Vanillezucker
1 Fläschchen Butter-Vanille-Aroma
4 Eier
250 g Mehl
2 Päckchen Vanillepuddingpulver
2 TL Backpulver
100 g Schlagsahne
180 g Apfelmus (aus dem Glas)
50 g gute Zartbitter-Schokolade
1 EL Kakao
1 EL Milch

BELAG
6 kleine Äpfel (etwa 600 g;
z. B. Cox Orange)
75 g Apfel- oder Quittengelee
1 EL Calvados (Apfelschnaps)

FÜR DEN RÜHRTEIG

— Butter, Zucker, Vanillezucker und Butter-Vanille-Aroma mit den Quirlen des Handrührers cremig schlagen. Eier nacheinander unterrühren. Mehl, Puddingpulver und Backpulver mischen, darübersieben und zusammen mit der Sahne und dem Apfelmus kurz unterrühren. Etwa ⅔ des fertigen Rührteiges gleichmäßig in eine am Boden mit Backpapier ausgelegte Springform (Ø 26 cm) streichen.

— Die Schokolade fein hacken. Mit Kakao und Milch unter den restlichen Teig rühren und in die Mitte auf den hellen Teig geben. Beide Teige mit einer Gabel spiralförmig durchrühren, sodass ein Marmormuster im Teig entsteht.

— Den Backofen auf 180 Grad, Umluft 160 Grad, Gas Stufe 3 vorheizen.

FÜR DEN BELAG

— Äpfel mit einem Apfelausstecher entkernen, schälen und halbieren. Hälften an der runden Seite mit einem Messer mehrmals einschneiden und mit der Schnittfläche nach unten in den Teig legen. Im Ofen etwa 50–60 Minuten backen.

— Das Gelee und Calvados zusammen erhitzen, auf den heißen Kuchen streichen und abkühlen lassen.

 Fertig in 1 Stunde

 Pro Portion
ca. 315 kcal, E 4 g,
F 15 g, KH 39 g

Tipp

Am besten säuerliche Äpfel wie Cox
Orange oder Boskop verwenden.

Olivenölkuchen

MIT PFLAUMEN

Pflaumen auf Dinkelteig mit Olivenöl – der Kuchenklassiker mal mit
leicht herber Note, die ihm ausgezeichnet steht

ZUTATEN

14 Stücke

1 kleine Bio-Orange
3 Eier
300 g Zucker
150 ml Olivenöl
150 ml Milch
½ TL gemahlener Zimt
Salz
325 g Dinkelmehl (Type 630)
3 TL Backpulver
500 g Pflaumen
25 g Mandelblättchen
1–2 EL Pflaumenkonfitüre
Fett für die Form

— Den Backofen auf 180 Grad, Umluft 160 Grad, Gas Stufe 3 vorheizen.

— Orange heiß abspülen, trocken tupfen, die Schale fein abreiben und den Saft auspressen. Eier und Zucker mit den Quirlen des Handrührers etwa 3 Minuten schaumig schlagen. Olivenöl, Milch, Orangenschale und -saft, Zimt und 1 Prise Salz zur Ei-Zucker-Mischung geben und gut verrühren. Mehl und Backpulver dazusieben und nur kurz unterrühren.

— Den Teig in eine gefettete Springform (Ø 26 cm) geben. Im vorgeheizten Backofen auf der unteren Schiene etwa 45–50 Minuten backen.

— Inzwischen die Pflaumen abspülen, halbieren, entsteinen und das Fruchtfleisch in Spalten schneiden. Nach etwa 15 Minuten Backzeit die Pflaumen und Mandeln auf dem Kuchen verteilen und fertig backen. Den Kuchen zwischendurch eventuell mit einem Bogen Backpapier abdecken, damit er nicht zu dunkel wird.

— Herausnehmen und auf einem Kuchengitter abkühlen lassen. Die Früchte dabei noch warm mit der Pflaumenkonfitüre bestreichen.

 Fertig in 1 Stunde

 Pro Portion
ca. 325 kcal, E 5 g,
F 14 g, KH 45 g

 Dazu Schlagsahne

Tipp

Die doppelte Menge reicht für ein Backblech. Die Backzeit beträgt dann etwa 35–40 Minuten. Mit einem Zahnstocher in den Teig stechen und testen, ob er gar ist.

Winter

Es wird kalt, die Tage sind kurz, die Abende umso
länger. Machen wir es uns gemütlich! Mit Gerichten,
die von innen wärmen und die Seele streicheln.
Zum Glück gibt uns die Natur auch im Winter alles,
was wir brauchen – darunter häufig schon vergessene
Gemüsesorten. Entdecken wir sie also wieder neu,
die Steckrübe, die Petersilienwurzel. Jetzt ist die Zeit
für deftige Eintöpfe, klassisches Gulasch, Klöße,
aber auch herrlichen Wintersalat. Und wenn wir
backen, dann nicht ohne Schokolade! Vielleicht treffen
wir auch Freunde zum Fondue. Den Schneemann
bauen wir dann später

Kartoffelsuppe

Sämig, sahnig und so richtig was zum Wohlfühlen: Diese Kartoffelsuppe
macht jeden glücklich

ZUTATEN

4 Portionen

800 g mehligkochende Kartoffeln
2 Zwiebeln
1 Stange Porree
50 g Butter oder Margarine
1 l kräftige Fleischbrühe
Salz
100 g Schlagsahne
frisch gemahlener Pfeffer
½ TL gerebelter Majoran
eventuell Sahne für die Deko

— Die Kartoffeln schälen, abspülen und in grobe Würfel schneiden.

— Zwiebeln abziehen und fein würfeln. Porree putzen, gut abspülen und in Stücke schneiden.

— Das Fett in einem Topf erhitzen. Zwiebelwürfel und Porreestücke darin glasig dünsten.

— Kartoffelwürfel und Brühe dazugeben und alles mit Deckel etwa 20 Minuten kochen lassen.

— Die Kartoffeln in der Suppe zuerst mit dem Kartoffelstampfer, dann kurz mit dem Stabmixer zerkleinern oder durch die »flotte Lotte« drehen. Achtung: Bitte nicht zu lange mit dem Stabmixer pürieren, sonst wird die Suppe kleisterig! Die Sahne unterrühren und die Suppe mit Salz, Pfeffer und Majoran abschmecken. Eventuell mit einem Schuss Sahne dekorieren.

 Fertig in 50 Minuten

 Pro Portion
ca. 300 kcal, E 6 g,
F 18 g, KH 27 g

 Dazu geröstete
Brot-Croûtons

Kartoffel Suppe

Selleriecremesuppe

MIT MARONENGERÖSTL

Knusprig karamellisierte Maronen sind der Kracher als Topping auf der samtigen Selleriecreme

ZUTATEN

4 Portionen, vegetarisch

SUPPE

600 g Knollensellerie
400 g Kartoffeln
1 Stange Staudensellerie
1 Zwiebel
1 ½ EL Butter
800 ml Gemüsebrühe
350 g Schlagsahne
Salz
frisch gemahlener weißer Pfeffer

MARONEN

80 g geschälte Maronen
(vakuumverpackt)
1 EL Butter
1 EL brauner Zucker

FÜR DIE SUPPE

— Knollensellerie und Kartoffeln schälen, abspülen, würfeln. Staudensellerie putzen und eventuell die Fäden abziehen. Sellerie abspülen, in Stücke schneiden. Zwiebel abziehen, würfeln.

— Die Butter in einem großen Topf erhitzen, Zwiebelwürfel darin glasig dünsten. Beide Selleriesorten und die Kartoffeln dazugeben und kurz mitdünsten. Die Brühe dazugießen und abgedeckt bei mittlerer Hitze etwa 20 Minuten kochen lassen.

— Die Suppe mit dem Stabmixer pürieren und durch ein Sieb streichen. Die Sahne dazugießen und alles aufkochen lassen. Mit Salz und Pfeffer abschmecken und warm stellen.

FÜR DIE MARONEN

— Maronen grob hacken. Butter und Zucker in einer Pfanne schmelzen. Maronen dazugeben und unter Wenden bei mittlerer Hitze langsam goldbraun karamellisieren lassen.

— Die karamellisierten Maronen über die Suppe streuen.

 Fertig in 45 Minuten

 Pro Portion
ca. 490 kcal, E 7 g,
F 38 g, KH 30 g

Tipp

Statt Maronen die gleiche Menge Pumpernickelbrot fein würfeln und wie beschrieben in der Pfanne rösten.

Steckrübeneintopf

Kartoffeln, Zwiebeln, Steckrüben und Möhren, dazu herzhafte Kochwurst –
und die Welt ist wieder in Ordnung

ZUTATEN

4 Portionen

600 g Steckrübe
400 g Kartoffeln
1 Petersilienwurzel
3 Möhren
1 Gemüsezwiebel
3 EL Öl
¾ l Gemüsebrühe
3 Kochwürste
½ Bund Majoran
1 TL grobes Meersalz
frisch gemahlener Pfeffer

— Steckrübe, Kartoffeln, Petersilienwurzel und Möhren schälen, abspülen und in Würfel schneiden.

— Gemüsezwiebel abziehen, halbieren und fein würfeln. Das Öl in einem großen Topf erhitzen und die Zwiebelwürfel darin glasig dünsten. Das vorbereitete Gemüse, die Kartoffeln und die Brühe dazugeben und aufkochen lassen, dann im geschlossenen Topf etwa 15 Minuten kochen lassen.

— Die Kochwürste in Scheiben schneiden. Majoran abspülen, trocken schütteln, zum Sträußchen binden und zusammen mit den Wurstscheiben in den Eintopf geben. Zu einem Sträußchen gebunden, lässt sich der Majoran später einfacher aus dem Eintopf fischen.

— Alles etwa 5 Minuten erhitzen und den Eintopf mit Salz und Pfeffer abschmecken. Vor dem Servieren Majoran wieder entfernen.

Fertig in 50 Minuten

Pro Portion
ca. 410 kcal, E 15 g,
F 27 g, KH 26 g

Rote-Bete-Eintopf

Erdige Rote Bete, Kohl und Kartoffeln bekommen Gesellschaft von
zarten Entenbruststreifen: ein Farb- und Aromawunder

ZUTATEN

4 Portionen

2 Entenbrustfilets (750 g;
am besten Bio und regional)
1¼ l Gemüsebrühe
5 Pimentkörner
3 Lorbeerblätter
200 g Kartoffeln
1 kleines Bund Suppengrün
250 g Weißkohl
1 kg frische Rote Bete
Salz
frisch gemahlener Pfeffer
3 EL Zitronensaft
150 g saure Sahne

— Die Entenbrustfilets abspülen, trocken tupfen und die Haut vom Fleisch lösen. Das Fleisch in mundgerechte Stücke teilen. Die Haut in Streifen schneiden und zur Seite stellen.

— Gemüsebrühe, Pimentkörner und Lorbeerblätter aufkochen und die Fleischstücke darin 50 Minuten kochen lassen.

— Die Kartoffeln schälen und abspülen. Suppengrün putzen und abspülen. Kartoffeln und Suppengrün in kleine Würfel schneiden. Weißkohl abspülen und in feine Streifen schneiden. Rote Bete schälen (mit Küchenhandschuhen arbeiten) und in mundgerechte Spalten schneiden.

— Das vorbereitete Gemüse und die Kartoffeln nach 50 Minuten zum Fleisch geben und weitere 25–30 Minuten mit Deckel bei mittlerer Hitze kochen lassen. Den Eintopf mit Salz, Pfeffer und Zitronensaft abschmecken.

— Die Entenbrusthaut in einer Pfanne ohne Fett langsam kross ausbraten. Auf Küchenpapier abtropfen lassen, salzen.

— Den Eintopf in eine Terrine füllen, die saure Sahne und die krossen Entenhautstreifen dazu servieren.

Fertig in
1 Stunde 50 Minuten

Pro Portion
ca. 635 kcal, E 50 g,
F 37 g, KH 34 g

Petersilienwurzel-Soufflé

Wollen Sie mal jemanden beeindrucken? Diese raffinierten Soufflés machen mächtig was her, sind aber trotzdem ganz einfach

ZUTATEN

8 Portionen, vegetarisch

300 g Petersilienwurzeln
200 g Kartoffeln
Salz
50 g Butter
100 g Greyerzer-Käse
3 Eier
frisch gemahlener Pfeffer
frisch geriebene Muskatnuss
150 g Schlagsahne
Butter für die Förmchen

— Petersilienwurzeln und Kartoffeln schälen und würfeln. In wenig Salzwasser etwa 20 Minuten kochen. Abgießen, abdampfen lassen. Durch eine Kartoffelpresse drücken. Butter unterrühren.

— Den Greyerzer-Käse fein reiben. Eier trennen und die Eigelbe unter das abgekühlte Gemüsepüree rühren. Mit Salz, Pfeffer und Muskat kräftig abschmecken.

— Den Backofen auf 200 Grad, Umluft 180 Grad, Gas Stufe 4 vorheizen. 8 kleine Soufflé-Förmchen (je etwa 125 ml Inhalt) mit Butter ausstreichen.

— Sahne und Käse unter das Gemüsepüree rühren.

— Das Eiweiß steif schlagen und mit einem Schneebesen locker unter das Püree heben, dabei nicht zu viel rühren.

— Die Masse sofort in die vorbereiteten Förmchen füllen und sofort im vorgeheizten Backofen auf dem Backofenrost auf der mittleren Einschubleiste etwa 30–35 Minuten backen. Die Backofentür in dieser Zeit nicht öffnen.

— Souffés sind sehr empfindlich. Der kleinste Luftzug beim Backen kann reichen, um sie zusammenfallen zu lassen.

— Die Soufflés vor dem Servieren noch 2–3 Minuten im ausgeschalteten Backofen stehen lassen. Dann direkt aus dem Ofen sofort zu Tisch bringen. Auch wenn die Soufflés etwas zusammenfallen, bleibt ihre Konsistenz schön luftig und locker.

Fertig in
1 Stunde 10 Minuten

Pro Portion
ca. 200 kcal, E 7 g,
F 17 g, KH 5 g

Dazu passt Petersilienreis
oder Kartoffelstampf

Tipp

Wie in der Sterne-Küche mit frittierten Petersilienwurzelscheiben anrichten. Dafür eine Wurzel schälen, der Länge nach mit einem Sparschäler in dünne Scheiben hobeln, in heißem Öl goldbraun frittieren und zum Servieren auf die Soufflés legen.

Bauerneintopf

MIT RINDFLEISCH UND BLÄTTERTEIGHAUBE

Unter dem knusprigen Deckel offenbart sich ein deftiger Traum aus
geschmortem Rind, Gemüse – und Bier! Ein Schmand-Dip rundet ihn ab

ZUTATEN

4 Portionen

600 g Schmorfleisch vom Rind
(z. B. Kamm, Ochsenbein;
am besten Bio)
1 Gemüsezwiebel
2 Knoblauchzehen
2 Stangen Staudensellerie
1–2 EL Butterschmalz
1–2 EL Tomatenmark
Salz
frisch gemahlener Pfeffer
1 l Rinderfond (aus dem Glas)
1 Flasche dunkles Bier (330 ml)
5 Möhren
2 Pastinaken
1 kleines Bund Thymian
30 g Perlgraupen
220 g TK-Blätterteig
1 Eigelb
200 g Schmand
½ TL Edelsüß-Paprikapulver
Mehl zum Ausrollen

Fertig in
2 Stunden 50 Minuten

Pro Portion
ca. 690 kcal, E 36 g,
F 42 g, KH 34 g

— Fleisch abspülen, trocken tupfen und in etwa 2 cm große Würfel schneiden. Zwiebel abziehen und grob würfeln. Knoblauch schälen und grob zerdrücken. Sellerie putzen, abspülen und in Scheiben schneiden.

— Butterschmalz in einem Bräter erhitzen. Fleischwürfel, Zwiebel, Knoblauch und Sellerie portionsweise bei starker Hitze darin anbraten. Tomatenmark unterrühren, kurz mitrösten und alles mit Salz und Pfeffer würzen. Fond und Bier dazugießen und bei mittlerer Hitze mit Deckel knapp 2 Stunden kochen lassen.

— Möhren und Pastinaken schälen, abspülen und grob würfeln. Thymian abspülen und, bis auf ein paar Zweige, fein hacken. Nach etwa 45 Minuten Garzeit das Gemüse und die Hälfte vom Thymian zum Eintopf geben und zu Ende kochen. Dann abschmecken.

— Die Graupen unterrühren und den Eintopf zum Überbacken in eine flache ofenfeste Form umfüllen.

— Den Backofen auf 200 Grad, Umluft 180 Grad, Gas Stufe 4 vorheizen.

— Die Blätterteigplatten auftauen lassen, übereinanderlegen und auf einer bemehlten Arbeitsfläche etwas größer als die Form ausrollen.

— Eigelb und 1 EL Wasser verrühren und den Rand der Form damit einstreichen. Teigdeckel über die Form legen und mit dem restlichen Eigelb bestreichen. Den Teigdeckel mit einem Messer etwas einritzen und ein paar Thymianzweige darauflegen. Im Ofen etwa 20–30 Minuten goldbraun backen.

— Schmand, Paprikapulver und restlichen Thymian verrühren. Mit Salz würzen und zum Eintopf servieren.

Tipp

*Servieren Sie zum Essen das gleiche Bier,
das Sie zum Kochen verwendet haben.*

Lauwarmer Grünkohlsalat

Mit Kartoffelecken und einem feinen Senf-Dressing taugt
der Grünkohl überraschend auch mal zum Salat

ZUTATEN

4 Portionen, vegetarisch

WEDGES

650 g möglichst kleine Bio-
Kartoffeln
3 EL Olivenöl
Salz

DRESSING

2 Schalotten
2 Knoblauchzehen
200 ml Gemüsebrühe
2 Eigelb
2 EL grobkörniger Senf
5 EL Sonnenblumenöl
2 EL Weißweinessig
1 TL Zucker
Salz
frisch gemahlener Pfeffer
400 g frischer Grünkohl
1 reife Avocado
2–3 EL Zitronensaft

 Fertig in 1 Stunde

 Pro Portion
ca. 560 kcal, E 12 g,
F 46 g, KH 24 g

 Dazu eventuell Scheiben
von luftgetrockneter
Rotwurst

→ Den Backofen auf 180 Grad, Umluft 160 Grad, Gas Stufe 3 vorheizen.

FÜR DIE WEDGES

→ Die Kartoffeln unter fließendem Wasser gründlich abbürsten und längs vierteln. Die Spalten auf ein mit Backpapier ausgelegtes Backblech geben, mit Öl beträufeln, salzen und etwa 45 Minuten im Backofen goldbraun rösten. Falls die Kartoffeln dann noch nicht braun sind, noch 5–10 Minuten bei 200 Grad, Umluft 180 Grad, Gas Stufe 4 backen.

FÜR DAS DRESSING

→ Schalotten und Knoblauch fein würfeln. Die Brühe in einem Topf aufkochen und die Schalotten und Zwiebelwürfel etwa 3 Minuten darin weich dünsten, abkühlen lassen.

→ Eigelb, Senf und die Schalottenmischung zusammen mit einem Stabmixer in einem hohen Mixbecher fein pürieren. Öl und Essig in feinem Strahl dazugießen und dabei ständig weitermixen. Es sollte eine dickliche Sauce entstehen. Die Sauce mit Zucker, Salz und Pfeffer abschmecken.

→ Von den Kohlblättern den Strunk abschneiden. Blätter gründlich abspülen, abtropfen lassen und in Stücke zupfen. In sprudelndes Salzwasser geben und 2–3 Minuten darin kochen lassen. Grünkohl in einem Sieb gut abtropfen lassen.

→ Die Avocado schälen, halbieren, den Stein herauslösen und das Fruchtfleisch in Würfel schneiden. Die Avocadowürfel mit Zitronensaft beträufeln und salzen.

→ Die Kartoffeln noch warm mit dem Grünkohl mischen und die Avocadowürfel darüberstreuen. Mit dem Dressing beträufeln und am besten lauwarm servieren.

Steckrüben-Wedges

MIT DIP

Image-Politur für die gute alte Steckrübe: Gebacken und mit
Ingwer-Dip serviert kommt sie fast orientalisch daher

ZUTATEN
2 Portionen

WEDGES
800 g Steckrübe
einige Zweige Thymian
grobes Meersalz
4 EL Olivenöl
1 TL Paprikaflocken oder
Edelsüß-Paprika

DIP
150 g saure Sahne
1 Messerspitze Sambal oelek
1–2 TL Limettensaft
1 kleines Stück frischer Ingwer
(1 cm)
1–2 TL heller Rübensirup

FÜR DIE WEDGES

⸺ Den Backofen auf 180 Grad, Umluft 160 Grad, Gas Stufe 3
vorheizen.

⸺ Die Steckrübe schälen, abspülen und in schmale Spalten
schneiden. Die Spalten möglichst gleich dick schneiden, damit
die Steckrübenstücke gleichmäßig garen. Thymian abspülen.

⸺ Steckrübenspalten und Thymianzweige in eine große, flache,
ofenfeste Form (z. B. Gratinform) legen. Salzen, das Öl darüberträufeln und mit Paprikaflocken bestreuen. Im vorgeheizten Ofen
etwa 40 Minuten backen.

FÜR DEN DIP

⸺ Saure Sahne, Salz, Sambal oelek und Limettensaft verrühren. Ingwer schälen und durch die Knoblauchpresse direkt
in den Dip drücken. Alles gut verrühren und nochmals mit Salz
und Limettensaft abschmecken. Den Dip in einer kleinen
Schüssel anrichten und den Sirup darüberträufeln. Zu den Wedges
servieren.

 Fertig in 50 Minuten

 Pro Portion
ca. 410 kcal, E 7 g,
F 32 g, KH 23 g

Tipp

Wedges lassen sich auch mit Pastinaken,
Knollensellerie oder Schwarzwurzeln
zubereiten – probieren Sie's!

Schusterpastete

Geborgenheit schmeckt nach deftigem Auflauf: Fleisch, Kartoffeln und Kraut –
hier ist alles dabei!

ZUTATEN
5 Portionen

KARTOFFELBREI

1 kg Kartoffeln
Salz
¼ l Milch
25 g Butter
frisch gemahlener Pfeffer
frisch geriebene Muskatnuss

FLEISCHKLÖSSCHEN

1 Brötchen vom Vortag
200 g Zwiebeln
600 g gemischtes Hackfleisch
1 EL Senf
1 Ei
einige Spritzer Fleischwürze
1 EL Öl

SAUERKRAUT

1 Zwiebel
2 große Äpfel
1 EL Öl
1 große Dose Sauerkraut
1 großes Lorbeerblatt
10 Wacholderbeeren
1 EL Zucker

Butter für die Form
40 g Butter in Flöckchen
2 EL Semmelbrösel

Fertig in
1 Stunde 30 Minuten

Pro Portion
ca. 690 kcal, E 33 g,
F 40 g, KH 48 g

FÜR DEN KARTOFFELBREI

⤐ Kartoffeln schälen, abspülen und in Salzwasser etwa 20 Minuten kochen. Kartoffeln abgießen und mit einem Kartoffelstampfer zerdrücken.

⤐ Milch und Butter aufkochen und mit den Quirlen des Handrührers unter die zerdrückten Kartoffeln rühren, bis der Kartoffelbrei schön locker ist. Mit Salz, Pfeffer und Muskat abschmecken. Beiseitestellen.

FÜR DIE FLEISCHKLÖSSCHEN

⤐ Brötchen in kaltem Wasser einweichen. Zwiebeln abziehen und würfeln. Das Brötchen ausdrücken, fein zerpflücken und mit Hackfleisch, Senf, Ei und den Zwiebelwürfeln mit den Knethaken des Handrührers verkneten. Mit Fleischwürze, Salz und Pfeffer abschmecken. Mit angefeuchteten Händen etwa 20 kleine Klößchen formen. Klößchen in heißem Öl braun braten. Beiseitestellen.

FÜR DAS SAUERKRAUT

⤐ Die Zwiebel abziehen und würfeln. Äpfel schälen, vierteln, entkernen und in Scheibchen schneiden. Die Zwiebelwürfel in heißem Öl andünsten. Sauerkraut, Äpfel, Lorbeerblatt und Wacholderbeeren zufügen. Im geschlossenen Topf bei kleiner Hitze 15 Minuten schmoren. Mit Salz und Zucker abschmecken.

⤐ Den Backofen auf 200 Grad, Umluft 180 Grad, Gas Stufe 4 vorheizen.

⤐ Eine große ofenfeste Form fetten. Zuerst etwas weniger als die Hälfte vom Kartoffelbrei, dann das Sauerkraut, dann die Fleischklößchen und als Letztes wieder Kartoffelbrei in die Form geben.

⤐ Mit Butterflöckchen belegen und mit Semmelbröseln bestreuen. Im Ofen etwa 45 Minuten goldbraun backen.

Tipp

Damit der Auflauf nicht zu feucht wird,
das Sauerkraut vor Zugabe in die
Auflaufform eventuell etwas abtropfen
lassen.

Sellerie-Gnocchi

Ungewöhnlich, raffiniert und sehr gut: Nicht Kartoffeln, sondern
Sellerie dominieren hier Gnocchi und Vinaigrette

ZUTATEN

4 Portionen, vegetarisch

GNOCCHI

300 g Knollensellerie
1 mittelgroße mehligkochende
Kartoffel
Salz
200 g Mehl
2 Eigelb
Salz
frisch geriebene Muskatnuss
Mehl zum Formen

VINAIGRETTE

1 kleine gekochte Kartoffel
1 TL mittelscharfer Senf
frisch gemahlener Pfeffer
1 EL Weißweinessig
3 EL Distelöl
1/8 l Gemüsebrühe
2 Stangen Staudensellerie
mit Grün
40 g Butter

Fertig in
1 Stunde 10 Minuten

Pro Portion
ca. 400 kcal, E 9 g,
F 21 g, KH 42 g

FÜR DIE GNOCCHI

— Sellerie und Kartoffel schälen, abspülen, in Stücke schneiden und in wenig Salzwasser etwa 20 Minuten gar kochen. (Die Kartoffel für die Vinaigrette gleich mitkochen.)

— Das Kochwasser abgießen und Sellerie und Kartoffel gut abdämpfen lassen. Beides mit dem Stabmixer pürieren und ganz abkühlen lassen. Mehl, Eigelbe, Salz, etwas Muskat und das Püree zu einem glatten Teig verkneten. Abgedeckt etwa 30 Minuten im Kühlschrank ruhen lassen.

— Den Gnocchi-Teig mit bemehlten Händen zu langen, etwa 2 cm dicken Rollen formen. Die Rollen schräg in 1,5 cm breite Stücke schneiden. In reichlich schwach kochendem Salzwasser portionsweise etwa 12 Minuten kochen. Das Wasser darf nicht sprudelnd kochen – die weichen Gnocchi zerfallen sonst. Mit einer Schaumkelle herausnehmen, abtropfen lassen.

FÜR DIE VINAIGRETTE

— Kartoffel pellen und mit einer Gabel fein zerdrücken. Senf, Salz, Pfeffer und Essig zugeben. Das Öl mit einer Gabel untermischen und zum Schluss die Brühe unterrühren.

— Selleriestangen und Grün abspülen. Blätter etwas kleiner zupfen und beiseitestellen. Die Stangen entfädeln und fein würfeln. Besonders die äußeren dicken Selleriestangen haben knapp unter der Schale zähe Fäden, die am besten mit einem Messer vom Wurzelende beginnend abgezogen werden sollten.

— Butter in einer großen Pfanne erhitzen und die gekochten Gnocchi darin scharf anbraten. Selleriewürfel dazugeben und 2 Minuten weiterbraten. Gnocchi und Sellerieblätter mischen und mit der Vinaigrette beträufeln. Noch warm servieren.

Baeckeoffe

Aus dem Elsass kommt dieser Schmortopf mit Schweinenacken,
Tafelspitz und Gemüse unter einem würzigen Brotdeckel

ZUTATEN

6 Portionen

500 g Schweinenacken
(am besten Bio-Qualität)
500 g Tafelspitz (vom Rind,
am besten Bio-Qualität)
250 g geräucherter durch-
wachsener Speck
2 Knoblauchzehen
3 Wacholderbeeren
2 Lorbeerblätter
500 ml fruchtiger Weißwein
(z. B. Gewürztraminer)
1 Stange Porree
500 g mildes Sauerkraut
500 g Kartoffeln
7 Stiele Thymian
1 Packung Brotbackmischung
feines Meersalz
frisch gemahlener Pfeffer
etwas Mehl für die Arbeitsfläche

 Fertig in 3 Stunden

 Pro Portion
ca. 830 kcal, E 51 g,
F 36 g, KH 62 g

— Beide Fleischsorten in etwa 3 cm große Würfel schneiden. Speck etwa 1 cm groß würfeln. Knoblauch abziehen und halbieren. Fleisch- und Speckwürfel mit Wacholder, Lorbeer, Knoblauch und Wein in einer Schüssel mischen. Abgedeckt über Nacht im Kühlschrank marinieren lassen.

— Porree putzen, abspülen und in Ringe schneiden. Sauerkraut in ein Sieb geben, kalt abspülen (damit es milder wird) und die Flüssigkeit mit den Händen gut herausdrücken. Kartoffeln schälen, abspülen und grob würfeln. Thymian abspülen, trocken tupfen und die Blättchen von den Stielen zupfen.

— Den Backofen auf 160 Grad, Umluft 140 Grad, Gas Stufe 2 vorheizen.

— Die Brotbackmischung nach Packungsanweisung zubereiten. Den Thymian unterkneten und den Teig etwa 10 Minuten gehen lassen.

— Das Sauerkraut auf dem Boden eines Bräters verteilen. Marinierte Fleischwürfel mit der Flüssigkeit, Kartoffeln und Porree daraufschichten. Alles mit Salz und Pfeffer würzen.

— Den Brotteig auf einer bemehlten Arbeitsfläche etwa 1 ½ cm dick ausrollen und als Deckel auf den Bräter legen. Teig an den Rändern überhängen lassen und gut andrücken, sodass der Bräter fest mit Teig verschlossen ist. Im Ofen auf der unteren Schiene etwa 2 Stunden 30 Minuten backen.

— Baeckeoffe kann auch ohne Brotteigdeckel gemacht werden. Die Form dann mit einem gut schließenden Deckel abdecken und backen. Dann einfach dicke Bauernbrotscheiben dazureichen.

— Den Brotteig vorsichtig vom Topf lösen und zum Eintopf servieren.

Rösti

Egal, ob als Beilage oder solo: Schön knusprig ausgebraten ist
ein Rösti einfach unwiderstehlich

ZUTATEN

2 Portionen
vegetarisch

500 g Kartoffeln
Salz
frisch gemahlener Pfeffer
2 EL Butter
3 EL Milch

— Die Kartoffeln schälen, abspülen und auf der Rohkostreibe grob raffeln. Die Kartoffelmasse mit wenig Salz und Pfeffer würzen.

— Wenn die Kartoffelraspel sehr feucht sind, in ein sauberes Geschirrtuch geben und den Saft ausdrücken.

— Die Hälfte der Butter in einer Pfanne erhitzen und die Kartoffelraspel hineingeben. Mit dem Pfannenwender gut zu einem Fladen zusammendrücken, dann die Milch draufgießen und in der geschlossenen Pfanne bei kleiner Hitze etwa 15 Minuten braun braten.

— Die goldbraune Rösti mithilfe eines flachen Tellers oder Topfdeckels wenden, dabei die restliche Butter in die Pfanne geben und von der anderen Seite weitere 10–15 Minuten fertig braten.

Fertig in 45 Minuten

Pro Portion
ca. 340 kcal, E 5 g,
F 22 g, KH 31 g.

Tipps

Kartoffelrösti sind die klassische Beilage zu Geschnetzeltem. Rösti mit Blattsalat ist ein köstliches vegetarisches Gericht.

Soll das Rezept verdoppelt werden, zwei Rösti daraus machen, sonst ist die Schicht zu dick, und der Fladen wird nicht gar.

Knackige Rotkohlroulade
MIT FISCH

Warum nicht mal Seelachs einwickeln? Und warum nicht mal in Rotkohl?
Genau! Sieht so großartig aus wie es schmeckt!

ZUTATEN

6 Stück

1 großer Kopf Rotkohl

FÜLLUNG

1 Brötchen vom Vortag
1 Zwiebel
500 g Seelachsfilet (aus nachhaltigem Fischfang; z. B. mit
MSC-Siegel)
1 Bund Dill
1 Ei
Salz
frisch gemahlener Pfeffer
2 EL Butterschmalz zum Anbraten
½ l Gemüsebrühe zum Auffüllen
100 g Schlagsahne
1–2 TL Wasabi (grüne Meer-
rettichpaste)
etwas heller Saucenbinder
½ Limette

Fertig in
1 Stunde 20 Minuten

Pro Portion
ca. 230 kcal, E 18 g,
F 11 g, KH 12 g

— Vom Kohlkopf den Strunk von unten keilförmig herausschneiden. In einem sehr großen Topf reichlich Wasser aufkochen und
den ganzen Kohlkopf darin etwa 10 Minuten mit Wasser bedeckt
kochen lassen.

— Kohlkopf herausnehmen und rundherum 6 große Außenblätter
ablösen (falls sie sich nicht ablösen lassen, Kohlkopf nochmals
ins Wasser geben). Restlichen Kohl anderweitig verwenden. Die
Kohlblätter auf die Arbeitsfläche legen und die dicken Blatt-
rippen flach schneiden.

FÜR DIE FÜLLUNG

— Brötchen in kaltem Wasser einweichen, eventuell einen Teller
darauflegen. Die Zwiebel abziehen und fein würfeln.

— Brötchen mit den Händen gut ausdrücken und fein zerpflücken. Fischfilet abspülen, trocknen und fein hacken. Dill
abspülen, trocken schütteln, die Ästchen abzupfen und hacken.
Brötchen, Zwiebelwürfel, Dill, Fisch, Ei und Gewürze zu einer
glatten Masse verarbeiten.

— Füllung in 6 Portionen teilen. Jede Portion mit den Händen
zu einer kurzen Rolle formen, auf die Kohlblätter legen und
darin einwickeln. Dafür die Seiten einschlagen und von der
dicken Blattrippe aus aufrollen. Mit Küchengarn zusammenbinden, damit die Rouladen besser halten.

— Butterschmalz erhitzen, Rouladen darin rundherum kurz anbraten. Brühe zugießen und alles mit Deckel etwa 20 Minuten
schmoren lassen.

— Rouladen herausnehmen und warm stellen. Sahne und Wasabi
zum Schmorfond geben und aufkochen. Saucenbinder einrühren.
Nochmals kurz aufkochen lassen und mit Salz, Pfeffer und Limettensaft abschmecken. Die Kohlrouladen in der Sauce servieren.

Tipp

*Wasabi-Paste kann ganz schön scharf
und dominant sein – also vorsichtig
dosieren und eventuell nachwürzen.*

Käsefondue & Brotecken

MIT GEWÜRZSPRINKLES

Die Sprinkles würzen Fleisch – vor oder nach dem Garen. Und passen prima
zu Käsefondue: als raffinierte Füllung in den Brotstücken

ZUTATEN

4 Portionen, vegetarisch
je Sprinkle 6 Portionen

CRANBERRY-ORANGEN-SPRINKLE

100 g getrocknete Cranberrys
1 Bio-Orange
1 kleiner Zweig Rosmarin
4–5 getrocknete Lorbeerblätter
Salz

INGWER-KOKOS-SPRINKLE

50 g Kokosflocken
30 g frischer Ingwer (3 cm)
2 große Stängel Zitronengras
½–1 TL getrocknete Chiliflocken
¼ TL Salz

KAFFEE-KARDAMOM-SPRINKLE

8–10 grüne Kardamomkapseln
1–2 EL Kaffeebohnen
3 EL Palmzucker
1 TL Piment d'Espelette
2 gute Prisen Salz

GEFÜLLTE BROTECKEN UND KÄSEFONDUE

(siehe Seite 139)

Fertig in
1 Stunde 20 Minuten

Pro Portion
ca. 855 kcal, E 51 g,
F 57 g, KH 23 g

FÜR DEN CRANBERRY-ORANGEN-SPRINKLE

— Cranberrys fein hacken. Orange heiß abspülen, trocken tupfen
und Schale fein abreiben. Rosmarin abspülen, trocken tupfen,
die Nadeln fein hacken. Die Lorbeerblätter in einem Mörser oder
im Blitzhacker sehr fein zerbröseln. Alle Zutaten mischen.

FÜR DEN INGWER-KOKOS-SPRINKLE

— Kokosflocken in einer Pfanne ohne Fett unter häufigem Wenden hellgelb bräunen. Herausnehmen und abkühlen lassen.
Ingwer schälen und sehr fein hacken. Vom Zitronengras die äußeren Blätter entfernen und das Zitronengras sehr fein hacken.
Chiliflocken im Mörser grob zerbröseln. Alle Zutaten mischen.

FÜR DEN KAFFEE-KARDAMOM-SPRINKLE

— Kardamomkapseln aufbrechen, die Samenkörnchen heraus-
schütteln und in einem Mörser fein zerdrücken. Die Kaffeebohnen ebenfalls in einem Mörser fein zerstoßen. Palmzucker,
falls er im Stück ist, auf einer Reibe fein raffeln. Alle Zutaten
mischen.

FÜR DIE GEFÜLLTEN BROTECKEN

— Alle Brotscheiben von einer Seite mit Frischkäse bestreichen.
Mit den ausgewählten Sprinkles bestreuen und die bestrichenen Brotseiten aufeinanderlegen. Fest andrücken und für etwa
15 Minuten kalt stellen. Die 4 gefüllten Brote in etwa 3 cm
große Ecken schneiden.

Tipp

Rosinenbrot vom Vortag lässt sich besser
bestreichen und schneiden. Frisches Brot
zerfällt leicht.

Tipp

Wer zum Fondue lieber Dips oder
Saucen mag, verrührt 1–2 EL
der Sprinkles mit 150–200 g Crème
fraîche und schmeckt sie mit Salz
und Pfeffer ab.

GEFÜLLTE BROTECKEN

je 4 Scheiben Rosinen- und
Pumpernickel-Brot
150 g Doppelrahm-Frischkäse
3–5 EL Sprinkles (siehe oben)

KÄSEFONDUE

250 ml trockener Weißwein
(z. B. Schweizer Fendant)
je 200 g Gruyère-, Emmentaler-
und Appenzeller-Käse
eventuell 5 EL Schnaps (nach
Wahl)

FÜR DAS KÄSEFONDUE

— Wein in den Käse-Fondue-Topf (auch Caquelon genannt),
gießen und auf den Herd stellen. Den Wein bei niedriger Hitze
aufkochen. Alle Käsesorten grob reiben, unter Rühren nach
und nach zum Wein geben und schmelzen lassen. Fondue-Topf
auf einen Rechaud mit kleiner Flamme setzen. Käse-Fondue
eventuell mit etwas Schnaps verfeinern. Brotecken auf eine Fon-
due-Gabel spießen und vorsichtig in den Käse tauchen.

Gulasch

Das liebt wirklich jeder, auch weil es so einfach ist: Rind- und
Schweinefleisch schmoren sich im Topf mit Rotwein wie von selbst

ZUTATEN

4 Portionen

75 g geräucherter durchwach-
sener Speck (am besten Bio)
750 g Zwiebeln
750 g gemischtes Gulasch
(je zur Hälfte Rind und Schwein,
am besten Bio)
30 g Butterschmalz
Salz
frisch gemahlener Pfeffer
2–3 EL Tomatenmark
Edelsüß-Paprikapulver
4 Stängel Thymian
1 kleiner Zweig Rosmarin
250 ml trockener Rotwein oder
Traubensaft
400 ml Rinderfond (Glas)
2–3 EL Mehl
125 g saure Sahne

— Den Speck in kleine Würfel schneiden. Die Speckwürfel in einem großen Topf oder Bräter knusprig ausbraten und herausnehmen.

— Die Fleischwürfel mit Küchenkrepp gut trocken tupfen. Etwas Butterschmalz zum Speckfett in den Topf geben und die erste Portion Fleisch darin bei sehr starker Hitze rundherum kräftig braun anbraten. Die Gulaschwürfel dabei gut wenden, dann herausnehmen. Wieder etwas Butterschmalz im Topf erhitzen und die nächste Portion nehmen – bis alles Fleisch nach und nach angebraten ist. Immer erst die nächste Portion braten, wenn das Fleisch wirklich braun ist, nur so entwickeln sich Röststoffe.

— Die Zwiebeln abziehen und grob würfeln. Das restliche Butterschmalz im Topf erhitzen und die Zwiebelwürfel darin anbraten.

— Wenn die Zwiebeln hellbraun sind, die Speck- und Fleischwürfel mit in den Topf geben und alles mit Salz, Pfeffer und dem Tomatenmark würzen. Nochmals 2–3 Minuten unter Wenden braten. Paprikapulver darüberstäuben. Kräuter abspülen, trocken schütteln und hacken oder zum Bouquet garni binden. Kräuter, Wein und Fond dazugeben und alles aufkochen lassen. Das Gulasch im geschlossenen Topf etwa 1 Stunde 30 Minuten bei mittlerer Hitze schmoren.

— Mehl und saure Sahne verrühren und unter Rühren in die kochende Flüssigkeit gießen. Noch weitere 5–10 Minuten bei kleiner Hitze kochen lassen. Das Gulasch mit Salz, Pfeffer und Paprika würzig abschmecken.

Fertig in
2 Stunden 10 Minuten

Pro Portion
ca. 565 kcal, E 47 g,
F 30 g, KH 17 g

Dazu am besten kurze
Nudeln

Tipp

Wer mag, schneidet 4 kleine Gewürz-gurken in Scheiben und mischt sie unter das Gulasch.

Szegediner Gulasch

So ein Schweinegulasch mit Sauerkraut und Speck ist ein
winterlicher und schön deftiger Seelenwärmer

ZUTATEN

4 Portionen

500 g ausgelöster Schweinenacken oder dicke Rippe
(am besten Bio)
50 g geräucherter durchwach-
sener Speck (am besten Bio)
1 Zwiebel
1 EL Butterschmalz
Salz
frisch gemahlener Pfeffer
brauner Zucker
Edelsüß-Paprikapulver
600 ml Rinderfond (Glas)
500 g Bio-Sauerkraut
3 Lorbeerblätter
2 Äpfel
evtl. 100 g Crème fraîche

— Das Fleisch abspülen, trocken tupfen und in Würfel schneiden. Den Speck fein würfeln. Zwiebel abziehen und ebenfalls
fein würfeln. Das Fleisch portionsweise bei sehr starker Hitze
in heißem Butterschmalz rundherum kräftig anbraten. Speck-
und Zwiebelwürfel dazugeben und kurz mit anbraten.

— Fleisch und Zwiebel mit Salz, Pfeffer, Zucker und Paprika
würzen. Fond dazugießen und aufkochen lassen. Das Sauerkraut mit zwei Gabeln etwas zerzupfen und auf das Fleisch legen.
Die Lorbeerblätter dazwischenlegen und alles mit Deckel bei
mittlerer Hitze etwa 30 Minuten schmoren lassen.

— Die Äpfel schälen, vierteln und in Stücke schneiden. Die
Apfelstücke auf das Sauerkraut legen und im geschlossenen Topf
noch einmal 20–30 Minuten schmoren lassen.

— Das Gulasch mit Salz, Pfeffer, einer Prise Zucker und Paprika
abschmecken. Eventuell Crème fraîche unterrühren.

Fertig in
1 Stunde 25 Minuten

Pro Portion
ca. 425 kcal, E 33 g,
F 27 g, KH 11 g

Kartoffelklöße

Die klassische Universalbeilage! Noch nie selbst gemacht?
Nur Mut – es ist gar nicht so schwer. Sie brauchen nur den richtigen Küchenhelfer:
eine Kartoffelpresse

ZUTATEN

20 Stück, vegetarisch

1 kg mehligkochende Kartoffeln
Salz
100 g Grieß
200 g Kartoffelmehl
1 Prise frisch geriebene Muskatnuss

— Kartoffeln abspülen und mit Schale in Salzwasser 20 Minuten kochen. Abgießen, kurz abdampfen lassen und die Schale
abziehen. Kartoffeln noch heiß durch eine Kartoffelpresse
drücken.

— Das Kartoffelpüree, etwas Salz, Grieß, Kartoffelmehl und
Muskat verkneten. Aus dem Kartoffelteig mit angefeuchteten
Händen etwa 20 runde Klöße (Ø 4–5 cm) formen.

— Die Klöße in schwach kochendem Salzwasser etwa 10 Minuten
gar ziehen lassen (nicht kochen, dann zerfallen sie). Die Klöße
sind gar, wenn sie an der Oberfläche schwimmen.

— Die Kartoffelklöße mit einer Schaumkelle aus dem Wasser
heben, in eine vorgewärmte Schüssel geben und servieren.

 Fertig in 50 Minuten

 Pro Portion
ca. 80 kcal, E 1 g,
F 0 g, KH 18 g

 Dazu Rinder- oder
Schweinebraten, ge-
bratene Ente oder Gans
oder ein Pilzragout

Kartoffel
KLœße

Butter-Walnuss-Torte

Schokoladen- und Buttercreme, Baiser und Walnusskrokant: Dieses Prachtstück von
Torte braucht zwar etwas Zeit, aber jeder Bissen wird es wert sein …

ZUTATEN
20 Stücke

BAISER
12 Eiweiß
420 g Zucker
375 g fein gemahlene Walnusskerne
75 g Mehl
4 gehäufte TL Puderzucker

WALNUSSKROKANT
50 g Zucker
90 g Walnusskerne

BUTTERCREME
1 Eigelb
15 g Vanillepuddingpulver (2 EL)
100 ml Milch
70 g Schlagsahne
35 g Zucker
200 g sehr weiche Butter
200 g Puderzucker
1 ganz frisches Eigelb
2 EL Kirschwasser (siehe Tipp)

SCHOKOLADENCREME
175 g Zartbitter-Schokolade
175 g Schlagsahne

DEKO
(siehe Seite 149)

Ohne Wartezeit fertig in
2 Stunden 45 Minuten

Pro Stück
ca. 525 kcal, E 8 g,
F 32 g, KH 51 g

— Den Backofen auf 270 Grad, Umluft 250 Grad, Gas Stufe 7–8
vorheizen.

FÜR DEN BAISER
— Eiweiß und Zucker am besten in der Küchenmaschine zu festem
Schnee schlagen. Am besten in 2 Portionen zubereiten, weil der
letzte Baiserboden sonst zu lange steht und seine Luftigkeit ver-
lieren würde. Gemahlene Nüsse und Mehl gut mischen und unter
den Eischnee heben (nächste Seite, Foto 1). Das Mehl bindet etwas
das Fett der Walnüsse, sodass sich die Mischung leichter unterrühren lässt.

— Die Baisermasse in 4 Portionen teilen (wenn nur die Hälfte
zubereitet wird, dann in 2 Portionen). Jede Portion in eine am
Boden mit Backpapier ausgelegte Springform (Ø 26 cm) oder einen
gleich großen Backring streichen. Den Backring auf ein mit Backpapier ausgelegtes Backblech stellen. Die Baisermasse ist etwa
1–2 cm hoch. Jeden Boden mit 1 TL Puderzucker bestäuben
(Foto 2) und im Ofen auf der unteren Einschubleiste etwa 5 Minuten backen, bis der Puderzucker auf der Oberfläche goldbraun
karamellisiert ist. Alle 4 Böden wie beschrieben backen und noch
warm aus dem Formrand lösen. Auf dem Backpapier abkühlen
lassen. Kalt sind die Böden fester und können besser vom Papier
gelöst werden.

FÜR DEN WALNUSSKROKANT
— Zucker und 1 EL Wasser in einer kleinen Pfanne so lange kochen
lassen, bis sich der Zucker goldbraun färbt (Foto 3). Die Pfanne
sofort vom Herd nehmen und die Walnüsse unterrühren (Foto 4).
Den heißen Walnusskrokant rasch auf ein Stück Backpapier geben
und ganz abkühlen lassen (Foto 5). Vorsicht, der Krokant ist sehr
heiß! Den abgekühlten Krokant mit einem großen Messer grob
hacken.

1

2

3

4

5

6

7

8

9

DEKO

12–16 schöne Walnusshälften
etwa 2 EL dunkle Schokoladen-
raspel
Kakao zum Bestäuben

FÜR DIE BUTTERCREME

— Eigelb, Puddingpulver und etwas Milch verrühren. Restliche Milch, Sahne und Zucker aufkochen. Das angerührte Pudding-pulver in die kochende Milchmischung geben und aufkochen lassen. Creme aus dem Topf nehmen und auf Zimmertemperatur abküh-len lassen, dabei gelegentlich umrühren, damit sich keine Haut bildet. Oder etwas Frischhaltefolie direkt auf die Oberfläche legen. »Puddinghaut« lässt sich nur schwer in der Buttercreme wieder glatt rühren.

— Sehr weiche Butter und Puderzucker mit den Quirlen des Hand-rührers sehr schaumig schlagen. Das ganz frische Eigelb unter-rühren. Die Vanillecreme esslöffelweise mit den Quirlen langsam unter die Buttercreme rühren (ganz wichtig: Beide Cremes müssen die gleiche Temperatur haben, sonst gerinnt die Creme!). Kirsch-wasser und gehackten Walnusskrokant zum Schluss unterrühren (Foto 6).

FÜR DIE SCHOKOLADENCREME

— Schokolade hacken. Sahne aufkochen und die gehackte Schoko-lade darin unter Rühren auflösen. Die Mischung bei Zimmer-temperatur abkühlen lassen, bis sie eine cremige Konsistenz hat.

— Inzwischen einen Baiserboden auf eine Tortenplatte legen und einen Springformrand oder einen variablen Backring darumlegen. Ein Drittel der Buttercreme auf dem Boden verstreichen (Foto 7) und mit einem zweiten Boden bedecken. Ein weiteres Drittel Butter-creme darauf verstreichen und den dritten Baiserboden darauf-legen. Mit der restlichen Buttercreme bestreichen und den letzten Baiserboden, diesmal aber mit der gebräunten Krokantseite nach unten, auf die Creme legen. Dadurch wird die Oberfläche der Torte schön glatt und lässt sich später einfacher mit der Schokoladen-creme einstreichen. Torte für 3–4 Stunden kalt stellen, dann vor-sichtig aus dem Backring lösen.

— Die Schokoladencreme nochmals durchrühren. Wenn sie sehr fest ist, eventuell nochmals leicht erwärmen. Die Torte rundherum mithilfe einer Palette mit der Schokoladencreme einstreichen, dabei auch den Tortenrand einstreichen (Foto 8). Den unteren Torten-rand mit Schokoraspeln bestreuen und die Torte mit Kakao über-stäuben. Tortenoberfläche mit Walnusshälften garnieren (Foto 9). Die Torte für 1–2 Stunden kalt stellen.

Schokoküchlein

Schokolade satt, Ingwer und Mandeln: So ein weihnachtliches Küchlein ersetzt schon mal ein Stück Torte

ZUTATEN

10 Portionen

250 g Zartbitter-Schokolade
175 g Butter
100 g kandierter Ingwer
5 Eier
125 g brauner Rohrzucker
1 gestrichener EL
gemahlener Zimt
¼ TL gemahlene Nelken
175 g gemahlene Mandeln
100 g gehackte Mandeln
1 Prise Salz
Fett für die Förmchen

— Fein gehackte Schokolade und Butter in eine Metallschüssel geben. Über dem heißen Wasserbad schmelzen lassen, nicht zu stark erhitzen und aufpassen, dass kein Wasser in die Schokolade spritzt.

— Den Backofen auf 180 Grad, Umluft 160 Grad, Gas Stufe 3 vorheizen. 10 Timbal- oder Muffin-Förmchen (125 ml Inhalt) oder eine Springform (Ø 24 cm) fetten.

— Den Ingwer sehr fein hacken. 3 Eier trennen und das Eiweiß in einer Schüssel kalt stellen. Zucker, Eigelbe und die restlichen Eier mit den Quirlen des Handrührers etwa 5 Minuten dick und cremig schlagen. Schokoladen-Butter kurz unterrühren. Ingwer, Zimt, Nelken, gemahlene und gehackte Mandeln dazugeben und kurz verrühren.

— Eiweiß und Salz steif schlagen. Etwa ⅓ vom Eischnee unter den Teig rühren, dann den restlichen Eischnee vorsichtig unterheben. Der Eischnee bringt Luft in den schweren Teig und macht ihn auch ohne Backpulver locker.

— Den Teig in die vorbereiteten Förmchen geben und im Ofen etwa 40 Minuten backen. Kuchen in der Form abkühlen lassen. Stürzen und auf kleinen Tellern anrichten.

Fertig in
1 Stunde 15 Minuten

Pro Portion
ca. 535 kcal, E 11 g,
F 41 g, KH 32 g

Dazu halb steif geschlagene Sahne, bestreut mit etwas frisch geriebener Schokolade

Tipp

Die kleinen Kuchen sind sehr gehaltvoll.
Wird der Teig in einer Springform
gebacken, lässt er sich leicht in 12 oder
mehr kleinere Portionen teilen.

Die echte Landküche

Regional, saisonal, biologisch: der Dreiklang
der guten Landküche! Von Artischocken bis Zucchini –
hier erfahren Sie, was wann Saison hat. Warum es
sich lohnt, auch mal schrumpelige Kartoffeln
und verbogene Möhren zu kaufen. Und wenn Sie
mögen, wie Sie Schritt für Schritt Ihre Einkaufs-
gewohnheiten ändern können. Für mehr Geschmack,
mehr Genuss, ein rundum gutes Gefühl

Landküche – eine Frage des Geschmacks

Moderne Landküche bedeutet heute vor allem, mit natürlichen Zutaten zu kochen – die der Jahreszeit entsprechen und aus der Umgebung kommen. Denn es ist ganz einfach: Wer gut essen will, braucht gute Produkte. Lassen Sie sich beim Einkauf von drei Schlagworten leiten: saisonal, regional, biologisch.

Mit der Sehnsucht nach dem Landleben, der guten alten Zeit, hängt auch der Wunsch nach einer verantwortungsvollen, nachhaltigen Lebensweise zusammen. Das immer größer werdende Angebot an nach strengen Öko-Standards erzeugten Bio-Produkten spiegelt diese Erkenntnis wider. Natürliches Kochen, Landküche, ist ein Aspekt eines Lebensstils, der die Rhythmen der Natur respektiert.

Doch Vernunft und Verantwortung sind es nicht allein, die die Landküche so attraktiv machen: Es ist der hervorragende Geschmack, es sind die intensiven Aromen der Produkte. Sie verstärken beim Kochen die Eigenaromen der Zutaten, Sie heben die Qualität der Produkte durch die einfache Art der Zubereitung hervor, ganz nach dem klassischen Motto »Weniger ist mehr«. Denn Landküche braucht keinen Schnickschnack, sie gelingt durch die Konzentration auf das Wesentliche.

Alles hat seine Zeit

Vom richtigen Zeitpunkt hängt viel ab. Das ist bei Nahrungsmitteln wie im sonstigen Leben. Gemüse und Obst außerhalb ihrer Erntezeit zu kaufen, bedeutet leider meist: keine Saison, kein Geschmack! Die Früchte werden unreif gepflückt, über Tausende Kilometer transportiert, sie sind auf hohe Erträge hin gezüchtet, auf perfektes Aussehen und lange Haltbarkeit. Geschmack und Nährwert spielen da nur eine Nebenrolle, und je länger die Zeit zwischen Ernte und Verbrauch dauert, desto mehr gehen sie verloren. Wenn man aber Obst und Gemüse in ihrer jeweiligen Saison kauft, z. B. Erdbeeren im Juni, Kürbis im Herbst, sind sie preiswerter, perfekt gereift, prall mit gesunden Nährstoffen – und das Wichtigste: Sie schmecken unvergleichlich gut.

Zu wissen, was die Natur uns wann liefert, ist die Basis für den richtigen Einkauf. Die Übersicht nach Jahreszeiten sagt Ihnen, wann in etwa die jeweiligen Sorten Saison haben, auch wenn es leichte regionale Schwankungen gibt.

Frühling

Blattspinat, Blumenkohl, Brokkoli, Brunnenkresse, Chicorée, Endivie, Erdbeeren, Feldsalat, Fenchel, Frisée, Knollensellerie, Kohl (Grünkohl, Wirsing, Weißkohl), Löwenzahn, Mangold, Morcheln, Porree, Radicchio, Radieschen, Rauke, Römersalat, Schwarzwurzeln, Spargel, Zitrusfrüchte

Sommer

Aprikosen, Artischocken, Aubergine, Bataviasalat, Blattspinat, Brombeeren, Brunnenkresse, Buschbohnen, Chinakohl, Dicke Bohnen, Eichblattsalat, Erbsen, Erdbeeren, Frühlingszwiebeln, Himbeeren, Johannisbeeren, Kirschen, Kohlrabi, Kopfsalat, Lollo Rosso, Neue Kartoffeln, Mirabellen, Möhren, Paprika, Pfifferlinge, Pfirsiche, Pflaumen, Porree, Radieschen, Rauke, Rettich, Römersalat, Salatgurken, Stachelbeeren, Stangenbohnen, Staudensellerie, Steinpilze, Teltower Rüben, Tomaten, Weintrauben, Zucchini, Zuckerschoten, Zitrusfrüchte

Herbst

Äpfel, Aubergine, Birnen, Blattspinat, Blumenkohl, Brokkoli, Brunnenkresse, Endivie, Fenchel, Frühlingszwiebeln, Kartoffeln, Kohlrabi, Kürbis, Mangold, Pastinaken, Pfifferlinge, Porree, Preiselbeeren, Quitten, Rauke, Rote Bete, Rotkohl, Schalotten, Steinpilze, Topinambur, Weintrauben, Wirsing, Weißkohl, Zucchini, Zwiebeln, Zitrusfrüchte

Winter

Äpfel, Blumenkohl, Brokkoli, Chicorée, Feldsalat, Fenchel, Frisée, Grünkohl, Knollensellerie, Kürbis, Meerrettich, Pastinake, Radicchio, Rotkohl, Schalotten, Schwarzwurzel, Steckrübe, Weißkohl, Wirsing, Zwiebeln, Zitrusfrüchte

Nutzen Sie die Gelegenheiten, frische Nahrungsmittel zu kaufen, wenn sie am günstigsten sind. Gehen Sie über den Wochenmarkt, setzen Sie Ihre Sinne ein, gucken und riechen Sie, was die Natur Ihnen anbietet, und lassen Sie sich inspirieren!

Öko, Bio, Naturkost – das Gute hat viele Namen

Kaufen Sie Naturkost! Natürlich können Sie sich auch mit konventionell erzeugten Produkten gut ernähren, und niemand verlangt von Ihnen, zu 100 Prozent Bio zu kaufen, das geben auch gute Super- und Wochenmärkte nicht immer her. Macht nichts, auch kleine Schritte zählen.

Versuchen Sie einfach, so viel Bio wie möglich in Ihr Leben zu bekommen, Ihrer Gesundheit, Ihrem Geschmackssinn und Ihrem guten Gewissen zuliebe.

Aber seien Sie auch nachsichtig: Bio-Obst und Bio-Gemüse sehen nicht immer so ganz perfekt aus wie konventionelle oder Treibhausware, dafür aber haben sie Duft, Geschmack – und Charakter.

Starten Sie so langsam, wie Sie wollen, oder so schnell, wie Sie können: Kaufen Sie mindestens ein Bio-Produkt pro Einkaufstour. Fangen Sie vielleicht mit Brot an, Grundnahrungsmitteln wie Milch, Eier, Nudeln oder Kartoffeln. Es ist ganz einfach.

Wer nicht fragt …

Seien Sie ein kritischer Verbraucher, fragen Sie Ihren Händler, woher er sein Gemüse bezieht. Kommt es aus der Region, oder hat es viele Kilometer Transportweg hinter sich?

Was Sie erfragen, was Sie kaufen, was Sie bemängeln oder loben – all das hat Einfluss auf die Auswahl und die Qualität, die Sie vorfinden werden. Ein guter Händler, sei es auf dem Wochenmarkt oder auch im Ketten-Supermarkt, wird Ihnen für Ihre Rückmeldung dankbar sein.

Einfach mal kommen lassen

Nicht jeder hat die Möglichkeit, frische Bio-Produkte in der Nähe zu finden, und Einkauf ist immer auch eine Sache des Vertrauens; und manchmal fehlt im Alltag einfach die nötige Zeit für den bewussten Konsum. Wer da eine einfache Lösung sucht und gleichzeitig auf Nummer sicher gehen will, findet im Internet regionale Versender von sogenannten Bio-Kisten. Da liefern Bio-Betriebe und Bauern aus dem näheren Umland ökologisch erzeugte Produkte direkt ins Haus, der jeweiligen Saison entsprechend, gern auch im Abonnement. Im Angebot sind meist nicht nur Obst und Gemüse, sondern auch Molkereiprodukte, Brot und Fleisch.

Fleisch und Fisch – wo Bio noch mehr Sinn macht!

Was für Obst und Gemüse gilt – Bio ist besser! –, gilt für Fleisch noch viel mehr. Man kann es gar nicht oft genug sagen: Kaufen Sie Bio-Fleisch vom Metzger Ihres Vertrauens! Es gibt heute keine Rechtfertigung mehr, Fleisch aus Massenproduktion zu kaufen. Übernehmen Sie gerade auch beim Fleischkonsum Verantwortung für die Umwelt, für die Tiere, vor allem aber für Ihre Lebensqualität.

und im Supermarkt, woher das Fleisch stammt: Wenn sie gut sind, werden sie es Ihnen lückenlos sagen können. Ja, Bio-Fleisch ist teurer als die Massenware. Das ist es wert.

Und was ist mit Fisch? Das Gleiche wie beim Fleisch: Kaufen Sie bei dem Händler, dem Sie vertrauen und der Ihre Fragen beantworten kann. Meiden Sie überfischte Arten, orientieren Sie sich am MSC-Siegel, dem Zeichen für umweltbewusste und nachhaltige Fischerei.

Für einen Bio-Bauern steht das Wohlergehen seiner Tiere an erster Stelle. Die natürliche Viehzucht ist zwar aufwändig, ermöglicht den Tieren aber ein gesundes und stressfreies Leben. Das macht sich in der hervorragenden Qualität und im guten Geschmack des Fleisches bemerkbar. Fragen Sie also in Ihrer Schlachterei

Edel Books
Ein Verlag der Edel Germany GmbH

Copyright © 2014 Edel Germany GmbH,
Neumühlen 17, 22763 Hamburg
www.edel.com
1. Auflage 2014

BRIGITTE Kochbuch-Edition ist eine Marke der Zeitschrift BRIGITTE
– Alle Rechte vorbehalten –

Alle Rezepte stammen aus der BRIGITTE.
Chefredakteurin BRIGITTE: Brigitte Huber
Stellvertretende Chefredakteurinnen: Claudia Hohlweg (Art), Claudia Münster

Projektleitung und Koordination: Jelena Jenzsch (BRIGITTE), Constanze Gölz (Edel)
Rezepte (Produktion und Foodstyling): BRIGITTE Kochressort
Rezeptauswahl: Antje Klein, Constanze Gölz, Julia Sommer
Texte: Antje Klein
Textlektorat: Claudia Münster
Lektorat und Redaktion: Constanze Gölz, Julia Sommer
Korrektorat: Brigitte Hamerski
Fotografien im Innenteil: Thomas Neckermann mit Ausnahme von Seite 93 von
Wolfgang Schardt und den Seiten 11, 15 und 21 von Dietrich Halemeyer
Coverfotografien: Wolfang Schardt mit Anne-Katrin Weber (Foodstyling) und
Maria Grossmann (Styling)
Layout, Satz und Covergestaltung: Lars Hammer und Carolin Beck von
Groothuis. Gesellschaft der Ideen und Passionen mbH, Hamburg | www.groothuis.de
Lithografie: Frische Grafik, Hamburg
Druck und Bindung: optimal media GmbH, Glienholzweg 7
17207 Röbel/Müritz

Printed in Germany
ISBN 978-3-8419-0309-9

PEFC/04-31-1846

PEFC zertifiziert

Dieses Produkt
stammt aus
nachhaltig
bewirtschafteten
Wäldern und
kontrollierten
Quellen
www.pefc.org